1권으로 끝내는 치치 챠챠 왕 기초 중국어

1권으로끝내는 치치챠챠 왕기초 중국어

초판 1쇄 인쇄 2022년 4월 29일
초판 1쇄 발행 2022년 5월 10일

지은이	유리, 권나경
발행인	임충배
홍보/마케팅	양경자
편집	김민수
디자인	정은진
펴낸곳	도서출판 삼육오 (PUB.365)
제작	(주)피앤엠123

출판신고 2014년 4월 3일
등록번호 제406-2014-000035호

경기도 파주시 산남로 183-25
TEL 031-946-3196 / FAX 031-946-3171
홈페이지   www.pub365.co.kr

ISBN 979-11-90101-99-8 13720
© 2022 유리, 권나경 & PUB.365

嘁嘁喳喳 qīqīchāch : 재잘재잘이라는 뜻을 가진 의성어

1권으로 끝내는 치치챠챠 왕기초 중국어

저자 유리, 권나경

:::::: Pub.365

『한 권으로 끝내는 치치챠챠 왕기초 중국어』는 중국어 발음부터 중국어의 모든 것을 담기 위해 노력한 기초 학습 교재입니다. 저자들은 모국어가 아닌 외국어로 접한 중국어는 어떤 교재로, 어떻게 시작을 하느냐에 따라서 쉬운 언어가 되기도 혹은 어려운 언어가 될 수도 있다는 것을 알게 되었습니다.

각 과의 스토리는 '진짜 중국어 회화', '알기 쉬운 기초 어법', '중국인만의 차별 어휘'로 구성되었습니다.

본 교재는 중국인들과 만나서 기초적인 의사소통을 할 수 있도록 쉽지만 유용한 대화들을 다루고 있습니다.
다음으로 어법 과정을 통해서 기초 단계의 필수적이고 유용한 어법 지식을 익힐 수 있는 내용을 구성했습니다.
마지막으로 본 교재에서만 볼 수 있는 업그레이드 어휘를 구성했습니다. 기존 교재와의 차별점으로 한국어와 중국어의 미묘한 어감 차이를 살펴볼 수 있는 새로운 내용 구성입니다.

저자들은 기초 중국어 학습자들이 이 책을 통해 중국어에 더 흥미를 갖고 외국어 공부의 즐거움을 느낄 수 있기를 바라며 본 교재를 집필하였습니다. 여러 권의 책을 보는 것보다는 한 권의 책을 여러 번 보는 것이 효율적인 외국어 공부 방법인 것을 잊지 마시고, 몇 번이라도 반복해서 본 교재를 처음부터 끝까지 읽을 수 있기를 기대합니다.

끝으로 본 교재가 나올 수 있도록 물심양면 도움을 주신 퍼브365 교재 팀원분들에게 다시 한번 고개 숙여 감사드립니다.

2022년 4월 대표 저자   유리, 권나경

학습 방법

1

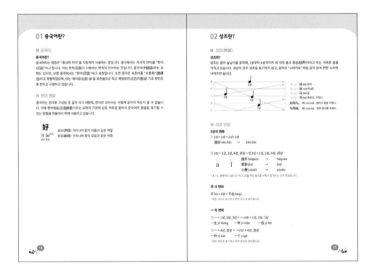

INTRO - 중국어의 기초를 익혀요.

본격적인 학습에 앞서 중국어의 기본, 성조와 발음 등
꼭 필요한 중국어의 기초 상식을 배울 수 있어요.

2

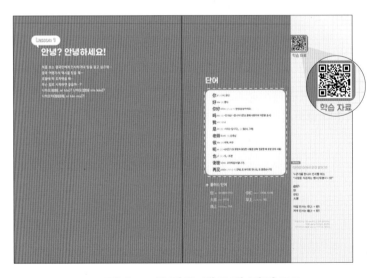

Lesson Title - 무엇을 배우게 될까요?

이번 Lesson을 통해 학습할 내용을 미리 점검해 보고
주요 단어와 원어민 MP3 & 강의 영상(QR코드)을 확인할 수 있어요.

3

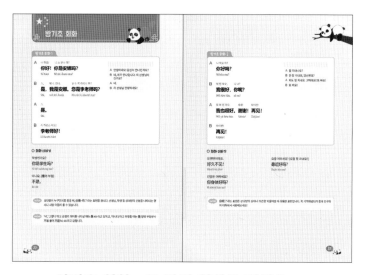

왕기초 회화 - 두 가지 회화를 배워요.

상황별 왕기초 회화 1, 2를 통해 진짜 중국어 회화를 익혀 보세요.
회화 더하기와 Notes로 실력을 다져요.

4

원어민처럼 소리 내기 - 소리 내어 따라 해봐요.

중국어의 기초적이지만 중요한 발음들을 MP3로 제공되는
원어민 음성을 듣고 정확하게 따라 할 수 있어요.

5

왕기초 어법 - 중국어 어법을 알아볼까요?

중국어 기초를 배울 때 빠뜨려서는 안 될 필수적이고
유용한 어법 내용들을 상세하게 학습할 수 있어요.

6

왕기초 업그레이드 어휘 - 수준을 높여요.

우리 교재에서만 만나볼 수 있는 특징적인 구성으로
한국어와 중국어의 미묘한 어감 차이를 알 수 있어요.

7

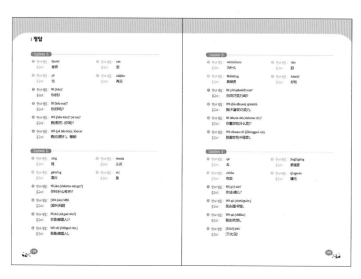

왕기초 점검 - 빠짐없이 복습해요.

원어민 음성 듣고 받아쓰기, 간체/번체 한자 써보기,
#입에쏙쏙 표현 익히기, 표현 PLUS로 확실하게 복습해요.

8

정답과 부가 자료

왕기초 점검 받아쓰기의 정답 내용을 확인할 수 있어요.
홈페이지에서는 단어장 및 mp3 자료를 제공해드려요. (www.pub365.co.kr)

목차

꼭 필요한 중국어 기초

01 중국어란?

▮ 중국어

중국어란?

중국어라는 명칭은 "중국의 언어"를 지칭하여 사용하는 말입니다. 중국에서는 자국의 언어를 "한어(汉语)"라고 합니다. 이는 한족(汉族)이 사용하는 한족의 언어라는 뜻입니다. 중국어(中国语)라는 표현도 있지만, 보통 중국에서는 "한어(汉语)"라고 표현합니다. 또한 중국은 표준어를 "보통화"(普通话)라고 제정하였으며, 이는 '베이징(北京) 음'을 표준음으로 하고 북방방언(北方方言)을 기초 방언으로 한다고 규정하고 있습니다.

▮ 한어 병음

중국어는 한자로 구성된 뜻 글자이기 때문에, 한자만 보아서는 어떻게 읽어야 하는지 알 수 없습니다. 이에 한어병음(汉语拼音)이라는 로마자 기호에 성조 부호를 붙여서 중국어의 발음을 표기할 수 있는 방법을 만들어서 현재 사용하고 있습니다.

好
H ǎo 성조
성모 운모

성모(声母): 우리나라 말의 자음과 같은 역할
운모(韵母): 우리나라 말의 모음과 같은 역할

02 성조란?

1 성조(声调)

성조란?

성조는 음의 높낮이를 말하며, 1성부터 4성까지의 네 개의 음과 경성(轻声)이라고 하는 가벼운 음을 가지고 있습니다. 경성의 경우 성조를 표기하지 않고, 음악의 "스타카토"처럼 길지 않게 편한 소리만 내어주면 됩니다.

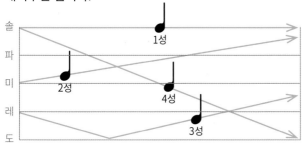

제 1성 : 妈 mā 엄마
제 2성 : 麻 má 마(삼)
제 3성 : 马 mǎ 말
제 4성 : 骂 mà 욕하다, 꾸짖다

妈骂马。 Mā mà mǎ. 엄마가 말을 꾸짖다.
马骂妈。 Mǎ mà mā. 말이 엄마를 꾸짖다.

2 성조 변화

3성의 변화

① 3성 + 3성 = 2성 + 3성

很好 hěn hǎo → hén hǎo

② 3성 + 1성, 2성, 4성, 경성 = 반3성 + 1성, 2성, 4성, 경성

海关 hǎiguān → haiguān
紧急 jǐnjí → jinjí
小费 xiǎofèi → xiaofèi

* 표기는 원래대로 3성으로 하고, 읽을 때만 성조를 바꿔서 읽어주는 것이 특징입니다.

不 의 변화

不 bù + 4성 = 不去 búqù

* 바뀐 성조로 표기하고 바뀐 음으로 읽어줍니다.

一 의 변화

① 一(1성) + 1성, 2성, 3성 = 一(4성) + 1성, 2성, 3성

一生 yì shēng   一年 yì nián   一百 yì bǎi

② 一(1성) + 4성, 경성 = 一(2성) + 4성, 경성

一件 yí jiàn   一个 yí ge

* 바뀐 성조로 표기하고 바뀐 음으로 읽어줍니다.

③ 성모

한국어의 자음과 비슷한 역할을 합니다.

b 뽀~어	**p** 포~어	**m** 모~어	**f** 포(f)~어
d 뜨~어	**t** 트~어	**n** 느~어	**l** 르~어
g 끄~어	**k** 크~어	**h** 흐~어	
j 지	**q** 치	**x** 시	
z 쯔	**c** 츠	**s** 쓰	
zh 즈	**ch** 츠	**sh** 스	**r** 르

④ 운모

한국어의 모음과 비슷한 역할을 합니다.

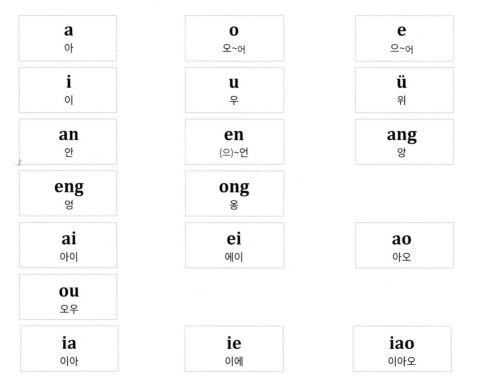

a 아	**o** 오~어	**e** 으~어
i 이	**u** 우	**ü** 위
an 안	**en** (으)~언	**ang** 앙
eng 엉	**ong** 옹	
ai 아이	**ei** 에이	**ao** 아오
ou 오우		
ia 이아	**ie** 이에	**iao** 이아오

iou(-iu*)	ian	in
이(오)우	이엔	인

iang	ing	iong
이앙	잉	이옹

üe	üan	ün
위에	위앤	윈

ua	uo	uai
와	워	와이

uei(-ui*)	uan	uen(-un*)
웨이	완	원

uang	ueng
왕	웡

er
얼

Point

- 운모 i, u, ü 이 성모 없이 단독으로 쓰일 경우 아래와 같이 표기합니다.

  i → yi　　　　　　　　　u → wu　　　　　　　　　ü → yu

- 운모 i, u, ü 이 성모 없이 다른 운모와 함께 쓰일 경우 y, w, yu 로 바꾸어 표기합니다.

  ia → ya　　　　　　　　ua → wa　　　　　　　　üe → yue
  * 예외 in → yin / ing → ying

- 성모 j, q, x 와 ü 와 함께 쓰이면 표기는 u 로 변화하고, 발음은 ü 그대로 발음합니다.

  j + üe = jue　　　　　　q + üan = quan　　　　　x + ün = xun

- iou, uei, uen 은 성모와 결합하면 성모+iu, 성모+ui , 성모+un 으로 표기합니다.

  j + iou = jiu　　　　　　d + uei = dui　　　　　　t + uen = tun

중국어 어순

중국어의 기본 구조는 "주어+술어"로 술어 자리에는 동사와 형용사가 주로 쓰입니다. 동사술어는 뒤에 목적어를 동반하고, 형용사 술어는 앞에 주로 부사를 동반합니다.

주어 + 동사술어 + 목적어

我　　吃　　中国菜。
Wǒ　　chī　　Zhōngguócài.

주어 + 부사 + 형용사술어

他　　很　　帅。
Tā　　hěn　　shuài.

중국어 숫자

0	1	2	3	4	5	6	7	8	9	10
零	一	二	三	四	五	六	七	八	九	十
líng	yī	èr	sān	sì	wǔ	liù	qī	bā	jiǔ	shí

중국어의 품사

명사 名词	사람이나 사물의 명칭, 시간, 공간, 방위 개념 등을 나타낸다. 예 學生 xuésheng 학생
대명사 代词	사람이나 사물을 대신 지칭하여 나타낸다. 예 我 wǒ 나
동사 动词	동작, 행위, 존재 등을 나타낸다. 예 吃 chī 먹다
조동사 助动词	동사 앞에 놓여 가능, 바람, 능력, 당위 등을 나타낸다. 예 可以 kěyǐ 할 수 있다
형용사 形容词	사람 또는 사물의 성질이나 모습, 동작이나 행위의 상태를 나타낸다. 예 漂亮 piàoliang 예쁘다
수사 数词	사물의 수량이나 순서를 나타낸다. 예 一 yī 하나
양사 量词	사물의 수량이나 동작의 횟수를 나타낸다. 예 件 jiàn 벌

부사 副词	동사나 형용사를 수식하여 시간, 정도, 빈도, 범위, 상태 등을 나타낸다. 예 很 hěn 매우
개사 介词	명사, 대명사 앞에 놓여 시간, 장소, 대상, 원인 등을 이끈다. 예 在 zài ~에서
접속사 连词	단어와 단어, 구와 구, 절과 절을 연결한다. 예 和 hé ~와, ~과
조사 助词	단어나 구, 문장 끝에 와서 다양한 부가적 의미를 나타낸다. 예 了 le 동작의 완료
감탄사 叹词	기쁨, 놀람, 슬픔, 분노 등의 감정을 나타낸다. 예 哎呀 āiyā 아이고
의성사 象声词	소리를 표현한다. 예 哈哈 hāhā 하하

중국어의 문장성분

주어 主语	술어가 나타내는 동작이나 상태의 주체이다.
술어 谓语	주어를 서술, 설명하는 성분이다.
목적어 宾语	술어 뒤에 놓여 동작이나 행위의 대상이 되는 성분이다.
관형어 定语	주어와 목적어 앞에서 주로 명사를 수식하거나 제한하는 성분이다.
부사어 状语	술어 앞에 놓여 술어를 수식하거나 제한하는 성분이다.
보어 补语	술어 뒤에 놓여 술어를 보충 설명하는 성분이다.

안녕? 안녕하세요!

처음 보는 중국인에게 인사하거나 말을 걸고 싶은데…

중국 여행가서 택시를 탔을 때…

호텔에 막 도착했을 때…

무슨 말로 시작하면 좋을까…?

니하오(你好, nǐ hǎo)? 닌하오(您好 nín hǎo)?

니하오마(你好吗, nǐ hǎo ma)?!

단어

你 nǐ [대] 너, 당신

好 hǎo [형] 좋다

你好 nǐhǎo [만났을 때] 안녕(안녕하세요)

吗 ma [조] ~인가요? ~입니까? (문장 끝에 사용하여 의문을 표시)

我 wǒ [대] 나

是 shì [동] ~이다(~입니다), [감] 응(네, 그래)

老师 lǎoshī [명] 선생님

很 hěn [부] 매우, 아주

呢 ne [조] ~는(은)? (앞 문장과 동일한 내용을 반복 질문할 때 문장 끝에 사용)

也 yě [부] ~도, ~또한

谢谢 xièxie 고마워(감사합니다)

再见 zàijiàn [헤어질 때] 안녕, 또 보자(또 만나요, 또 뵙겠습니다)

◆ 플러스 단어

您 nín 당신(你의 존칭)

你们 nǐmen 너희들, 당신들

大家 dàjiā 여러분

早上 zǎoshang 아침

晚上 wǎnshang 저녁

Notes

단어만 더해서 문장 말하기!!

누군가를 만나서 인사할 때는
"사람을 지칭하는 명사/대명사 + 好"

你好!
您
你们
大家

아침 인사는 早上 + 好!
저녁 인사는 晚上 + 好!

* 아침 인사는 早! zǎo 라고 간단히 말하거나
早安 zǎo'ān 이라고도 합니다.
저녁 인사는 晚安 wǎn'ān 이라고도 합니다.

왕기초 회화

왕기초 회화 1

A 니 하오!　니 스 안나 마?
你好！你是安娜吗?
Nǐ hǎo!　Nǐ shì Ānnà ma?

B 스,　워 스 안나.　닌 스 리 라오스 마?
是，我是安娜。您是李老师吗?
Shì,　wǒ shì Ānnà.　Nín shì Lǐ lǎoshī ma?

A 스.
是。
Shì.

B 리 라오스 하오!
李老师好!
Lǐ lǎoshī hǎo!

A 안녕하세요! 당신이 안나인가요?
B 네, 제가 안나입니다. 리 선생님이신가요?
A 네.
B 리 선생님 안녕하세요!

🔵 회화 더하기

학생인가요?
你是学生吗?
Nǐ shì xuésheng ma?

아니요. (是의 부정)
不是。
Bú shì.

> **Notes** 상대방이 누구인지를 물을 때, 你是~吗？라는 표현을 씁니다. 선생님, 학생 등 상대방의 신분을 나타내는 명사나 사람 이름이 올 수 있습니다.

> **Notes** '네', '그렇다'라고 긍정의 의미를 나타낼 때는 是 shì 라고 답하고, '아니다'라고 부정할 때는 是 앞에 부정부사 不를 붙여 不是 bú shì 라고 답합니다.

🎧 01_b.mp3

A 니 하오 마?
你好吗?
Nǐ hǎo ma?

B 워 헌 하오, 니 너?
我很好，你呢?
Wǒ hěn hǎo, nǐ ne?

A 워 예 헌 하오. 셰셰! 짜이젠!
我也很好。谢谢! 再见!
Wǒ yě hěn hǎo. Xièxie! Zàijiàn!

B 짜이젠!
再见!
Zàijiàn!

A 잘 지내나요?
B 전 잘 지내요, 당신은요?
A 저도 잘 지내요. 고마워요! 또 봐요!
B 또 봐요!

 회화 더하기

오랜만이에요.
好久不见!
Hǎojiǔ bú jiàn!

요즘 어떠세요? (요즘 잘 지내요?)
最近好吗?
Zuìjìn hǎo ma?

건강은 어떠세요?
你身体好吗?
Nǐ shēntǐ hǎo ma?

> **Notes** 你呢?라는 표현은 상대방의 상태나 의견을 되물어볼 때 유용한 표현입니다. 꼭 기억해놨다가 중국 친구와의 대화에서 사용해보세요!

23

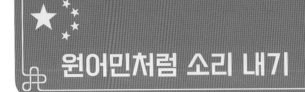

원어민처럼 소리 내기

▎성모(1)

🎧 01_c.mp3

쌍순음)

b/p/m 성모(한국어의 자음 같은 역할)는 두 입술을 붙였다 떼면서 내는 소리로 단독으로 발음할 때는 운모(한국어의 모음 같은 역할) o를 붙여서 합니다.

b(o)	한국어의 '뽀~(어)'처럼 발음합니다.

p(o)	한국어의 '포~(어)'처럼 발음합니다.

m(o)	한국어의 '모~(어)'처럼 발음합니다.

순치음)

f 성모(한국어의 자음 같은 역할)는 아래 입술을 살짝 물었다 떼면서 내는 소리로 단독으로 발음할 때는 운모(한국어의 모음 같은 역할) o를 붙여서 합니다.

f(o)	영어의 'f~(어)'처럼 발음합니다.

* f발음은 한국어로 비슷한 발음을 내기 어려우며, 영어의 f와 비슷한 소리를 냅니다.
* 쌍순음/순치음을 연습할 때는 '(어)'가 거의 들리지 않게 살짝 힘을 빼면서 소리를 내주는 것이 원어민에 가까운 소리 내기입니다.

bō	bó	bǒ	bò
pō	pó	pǒ	pò
mō	mó	mǒ	mò
fō	fó	fǒ	fò

왕기초 어법

▌인칭대명사

인칭대명사는 사람 또는 사물을 대신해서 가리키는 말로 나, 너, 우리, 그것 등이 있습니다.

구분	단수	복수
1인칭(나)	我 wǒ 나	我们 wǒmen 우리 咱们 zánmen 우리
2인칭(너, 당신)	你 nǐ 너, 당신 您 nín 당신(你의 존칭)	你们 nǐmen 너희들, 당신들
▣3인칭(그, 그녀, 그것)	他 tā 그 (남성) 她 tā 그녀 (여성) 它 tā 그것 (사물)	他们 tāmen 그들 她们 tāmen 그녀들 它们 tāmen 그것들

> **Notes** **1** 它와 它们은 사물을 가리키는 대명사지만, 중국어 구어에서는 많이 생략됩니다.

▣ 们 men은 사람을 나타내는 명사나 대명사의 뒤에 쓰여 복수 '~들'을 표현합니다.

> **Notes** **2** 您们은 您의 복수형이지만, 중국어 구어에서는 잘 사용되지 않는 표현입니다.

我们 wǒmen   老师们 lǎoshīmen 선생님들

你们 nǐmen   学生们 xuéshengmen 학생들

他们 tāmen   孩子们 háizimen 아이들

她们 tāmen   朋友们 péngyoumen 친구들

它们 tāmen

 단어   孩子 háizi [명] 아이 │ 朋友 péngyou [명] 친구

▌의문을 표현하는 어기조사(1) '吗'

평서문의 문장 끝에 어기조사 吗를 붙여주면 의문을 표시하는 문장이 됩니다.
우리말의 '~입니까?', '~합니까?' 정도입니다.

평서문	어기조사		의문문
你好 Nǐ hǎo			你好吗？잘 지내나요? Nǐ hǎo ma?
你身体好 Nǐ shēntǐ hǎo	吗? ma	▶▶	你身体好吗？건강은 어떠세요? Nǐ shēntǐ hǎo ma?
你是学生 Nǐ shì xuésheng			你是学生吗？학생인가요? Nǐ shì xuésheng ma?
你忙 Nǐ máng			你忙吗？바쁘세요? Nǐ máng ma?

➕ 단어   身体 shēntǐ [명] 몸(신체), 건강 | 忙 máng [명] 바쁘다

▌의문을 표현하는 어기조사(2) '呢'

어기조사 呢를 명사나 대명사 뒤에 붙여, 앞 문장에서 말한 내용을 반복해서 질문하는 문장을 만듭니다. 우리말의 '~는(은)?' 정도에 해당합니다.

我身体很好，你呢？(저는 (매우) 건강합니다, 당신은요?)에서 你呢？는 你也身体好吗？(당신도 건강하지요?)를 의미합니다.

	你 nǐ 너, 당신	
	您 nín 당신	
我身体很好， Wǒ shēntǐ hěn hǎo,	你们 nǐmen 너희들, 당신들	呢? ne?
	老师 lǎoshī 선생님	
	安娜 Ānnà 안나	

你呢？라는 표현은 상대방의 상태나 의견을 되물어볼 때 유용한 표현입니다. 꼭 기억해놨다가 중국 친구와의 대화에서 사용해보세요!

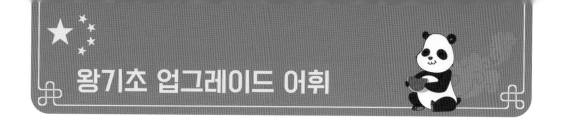

你好! Nǐ hǎo!	您好! Nín hǎo!
안녕! 안녕하세요!	안녕하세요! 안녕하십니까! (你好의 존칭)

你好는 일상적인 만남에서 사용하는 인사 표현으로 때와 장소, 서로의 신분에 관계없이 사용할 수 있으며, 일반적으로 상대방도 你好로 답합니다.

Ⓐ 你好!

　　Nǐ hǎo!

　　안녕하세요!

Ⓑ 你好!

　　Nǐ hǎo!

　　안녕하세요!

您好는 윗사람이나 처음 만난 사람에게 예의를 갖추거나 정중함을 표현할 때 쓰는 인사 표현입니다. 아랫사람이 윗사람에게 인사할 때 您好를 사용하면 더 정중하게 보이지만, 그렇다고 你好를 윗사람에게 사용할 수 없는 건 아닙니다.

 Notes 你好? 您好? 어떤 말을 써야 할지 잘 모를 때는 你好를 사용해 보세요!

你好! Nǐ hǎo!	你好吗? Nǐ hǎo ma?
안녕하세요!	안녕하세요? / 잘 지내세요?

你好吗?는 你好에 의문조사 吗를 붙여 안부를 묻는 표현이 됩니다. 你好는 '안녕하세요'라는 일상적 인사 표현으로 처음 보는 사람에게도 사용할 수 있지만, 你好吗?는 잘 지냈냐는 안부를 묻는 표현을 내포하고 있기 때문에 오랜만에 만난 사람이거나 이미 알고 있는 사이에 주로 사용합니다.

Ⓐ 你好吗?

　　Nǐ hǎo ma?

　　잘 지내세요?

Ⓑ 我很好。

　　Wǒ hěn hǎo.

　　저는 잘 지내요.

왕기초 점검

01 왕기초 연습해보기

🎧 01_d.mp3

▌(한어병음 듣고) 단어 받아쓰기

01
한어 병음 :
중국어   :

02
한어 병음 :
중국어   :

03
한어 병음 :
중국어   :

04
한어 병음 :
중국어   :

▌(한어병음 듣고) 문장 받아쓰기

01
한어 병음 : Nǐ _____ !
중국어   : 你 _____ !

02
한어 병음 : Nǐ _____ ?
중국어   : 你 _____ ?

03
한어 병음 : Wǒ _____, _____?
중국어   : 我_____, _____ ?

04
한어 병음 : Wǒ _____ . Xièxie!
중국어   : 我 _____ 。谢谢!

02 왕기초 한자 기억 톡톡!

중국 한자 vs 중화 문화권 한자 (대만 등 중국 이외에 한자를 쓰는 지역들)

간체	你	你			
번체	你	你			

간체	好	好			
번체	好	好			

간체	吗	吗			
번체	嗎	嗎			

간체	我	我			
번체	我	我			

간체	是	是			
번체	是	是			

간체	很	很			
번체	很	很			

간체	谢谢	谢谢			
번체	謝謝	謝謝			

간체	再见	再见			
번체	再見	再見			

01　안녕하세요!

你好!
Nǐ hǎo!

02　선생님 안녕하세요!

老师好!
Lǎoshī hǎo!

03　잘 지내세요?

你好吗?
Nǐ hǎo ma?

04　저는 잘 지내요.

我很好。
Wǒ hěn hǎo.

05　저도 잘 지내요.

我也很好。
Wǒ yě hěn hǎo.

04 표현 PLUS
- 상황에 따라 골라 쓰는 다양한 중국어 인사 표현

처음 만났을 때, 안부를 물을 때, 헤어질 때, 고마울 때…. 다양한 상황에 맞게 쓸 수 있는 중국어 인사 말에는 어떤 표현이 있을까?

일상적인 인사말 "안녕하세요!"

你好！ Nǐ hǎo?

(아침인사) 早！ Zǎo / 早上好！ Zǎoshang hǎo / 早安！ Zǎo'ān

(저녁인사) 晚上好！ Wǎnshang hǎo / 晚安！ Wǎn'ān

안부를 물을 때 "오랜만이에요", "잘 지내세요?"

好久不见。 Hǎojiǔ bú jiàn 오랜만이에요.

你好吗？ Nǐ hǎo ma? 잘 지내세요?

你过得好吗？ Nǐ guò de hǎo ma? (你过得怎么样？ Nǐ guò de zěnmeyàng?) 잘 지내세요?

最近好吗？ Zuìjìn hǎo ma? (最近怎么样？ Zuìjìn zěnmeyàng?) 요즘 잘 지내세요?

헤어질 때 "안녕히 계세요", "또 봐요"

再见。 Zàijiàn. 또 봐요. 잘 가요.

 拜拜。 Bài bai. 안녕. 잘 가요.

明天见。 Míngtiān jiàn. 내일 봐요.

一会儿见。 Yíhuìr jiàn. 좀 이따 봐요.

周末愉快。 Zhōumò yúkuài. 주말 잘 보내세요.

> **Notes** ① 拜拜는 영어 bye bye에서 비롯된 표현으로, 친근한 사이에서 많이 사용됩니다.

 고마울 때 "고맙습니다"

谢谢。 Xièxie.

谢谢你。 Xièxie nǐ.

> **Notes** ② 답변으로 '천만에요' 라는 표현의 不客气 bú kè qi, 不谢 bú xiè 등을 사용할 수 있습니다.
>
> A: 谢谢。　B: 不客气。

미안할 때 "미안합니다"

对不起。 Duì bu qǐ.

不好意思。 Bùhǎoyìsi.

Lesson 2

내 이름은 OOO입니다.

인사말 표현만(你好, nǐhǎo) 배웠는데도
이제 길에서 니하오는 알아듣겠다!
오늘은 내 이름(名字, míngzi)을 말해본다고 했는데...
내가 좋아하는 방탄소년단을 중국어(汉语, Hànyǔ)로
말할 수 있을까?

학습 자료

단어

请问 Qǐngwèn 잠깐 여쭙겠습니다.

姓 xìng [명] 성(씨) / [동] 성이 ~이다.

叫 jiào [동] 부르다

名字 míngzi [명] 이름

认识 rènshi [동] 알다, 인식하다

高兴 gāoxìng [형] 기쁘다, 즐겁다

韩国人 Hánguó rén [명] 한국인

哪 nǎ [대] 어느

美国人 Měiguó rén [명] 미국인

◆ 플러스 단어

韩国 Hánguó 한국	韩国人 Hánguó rén 한국인
中国 Zhōngguó 중국	中国人 Zhōngguó rén 중국인
美国 Měiguó 미국	美国人 Měiguó rén 미국인
日本 Rìběn 일본	日本人 Rìběn rén 일본인
英国 Yīngguó 영국	英国人 Yīngguó rén 영국인
西班亚 Xībānyá 스페인	西班亚人 Xībānyá rén 스페인인

Notes

단어만 더해서 문장 말하기!!

국적을 물을 때는 "哪国人",
대답할 때는 "국가+人"

A: 你是哪国人?
B: 我是西班亚人。

왕기초 회화

왕기초 회화 1

02_a.mp3

A 칭원, 닌 구이 싱?
请问，您贵姓?
Qǐngwèn, nín guì xìng?

B 워 싱 리, 자오 리전. 니 자오 선머 밍쯔?
我姓李，叫李镇。你叫什么名字?
Wǒ xìng Lǐ, jiào Lǐzhèn. Nǐ jiào shénme míngzi?

A 워 자오 진슈전. 런스 니, 헌 가오싱.
我叫金修真。认识你，很高兴。
Wǒ jiào Jīnxiūzhēn. Rènshi nǐ, hěn gāoxìng.

B 런스 니, 워 예 헌 가오싱.
认识你，我也很高兴。
Rènshi nǐ, wǒ yě hěn gāoxìng.

A 말씀 좀 여쭙겠습니다. 성함이 무엇입니까?

B 제 성은 이, 이름은 이진입니다. 당신은 이름이 무엇입니까?

A 제 이름은 김수진입니다. 만나게 되어 반갑습니다.

B 만나게 되어 저도 반갑습니다.

❖ 회화 더하기

만나서 반갑습니다.
见到你，很高兴。
Jiàndào nǐ, hěn gāoxìng.

만나 뵙게 되어서, 영광입니다.
见到您，很荣幸。
Jiàndào nín, hěn róngxìng.

02_b.mp3

A 니 하오!　　　니 자오 선머 밍쯔?
你好!　你叫什么名字?
Nǐ hǎo!　　Nǐ jiào shénme míngzi ?

B 워 자오 마리.　　　니 너?
我叫玛丽。　你呢?
Wǒ jiào Mǎlì.　　Nǐ ne ?

A 워 자오 즈셴,　　스 한궈런.　　　니 스 나궈 런?
我叫智贤，是韩国人。你是哪国人?
Wǒ jiào zhìxián,　shì Hánguó rén.　Nǐ shì nǎ guó rén ?

B 워 스 메이궈런.
我是美国人。
Wǒ shì Měiguó rén.

A 안녕하세요? 이름이 무엇인가요?
B 나는 마리라고 합니다. 당신은요?
A 나는 지현이라고 하고, 한국사람이에요. 당신은 어느 나라 사람입니까?
B 나는 미국인입니다.

⊕ 회화 더하기 (이름 묻는 여러 표현)

성함이 무엇입니까?
您贵姓?
Nín guì xìng?

성함이 어떻게 되세요?
怎么称呼您?
Zěnme chēnghu nín?

이름이 무엇입니까?
你叫什么名字?
Nǐ jiào shénme míngzi?

이름이 뭐예요?
你叫什么?
Nǐ jiào shénme?

원어민처럼 소리 내기

▌성모(2)

🎧 02_c.mp3

설첨음)

d/t/n/l 성모는 혀 끝을 앞니 뒤쪽에 댔다가 떼면서 내는 소리로 단독으로 발음할 때는 운모 e를 붙여서 합니다.

d(e)	한국어의 뜨~(어)처럼 발음합니다.

t(e)	한국어의 트~(어)처럼 발음합니다.

n(e)	한국어의 느~(어)처럼 발음합니다.

l(e)	영어의 르~(어)처럼 발음합니다.

* 설첨음을 연습할 때는 (어)가 거의 들리지 않게 살짝 힘을 빼면서 소리 내어주는 것이 원어민에 가까운 소리 내기입니다.

dē	dé	dě	dè
tē	té	tě	tè
nē	né	ně	nè
lē	lé	lě	lè

왕기초 어법

▌의문대명사

의문문을 만들 때 사용하는 의문대명사에는 谁, 什么时候, 哪儿, 什么, 怎么, 为什么 등이 있습니다.
의문대명사로 물을 때에는 일반적으로 문장 끝에 의문 조사 吗를 쓰지 않습니다.

누가	谁 shéi
언제	什么时候 shénme shíhou
어디서	哪儿 nǎr
무엇을	什么 shénme
어떻게	怎么 zěnme
왜	为什么 wèishénme

⊕ 예문

그는 누구입니까?
他是谁？
Tā shì shéi?

언제 중국어를 배우나요?
你什么时候学汉语？
Nǐ shénme shíhou xué Hànyǔ?

어디에서 중국어를 배우나요?
你在哪儿学汉语？
Nǐ zài nǎr xué Hànyǔ?

무엇을 배우나요?
你学什么？
Nǐ xué shénme?

어떻게 중국어를 배우나요?
你怎么学汉语？
Nǐ zěnme xué Hànyǔ?

왜 중국어를 배우나요?
你为什么学汉语？
Nǐ wèishénme xué Hànyǔ?

⊕ 단어   学 xué [동] 배우다   │   汉语 Hànyǔ [명] 중국어

▎중국어 어순

중국어는 한국어와 달리 기본적으로 동사가 목적어 앞에 오는 구조를 가집니다. "나는 중국어를 공부한다"가 아니라, "나는 공부한다 중국어를"을 기억하며 중국어를 말해보세요.

동사 술어문		
주어	동사 (술어)	목적어
我	学习	汉语

⊕ 예문 　나는 중국어를 공부한다.
　　　　我学习汉语。
　　　　Wǒ xuéxí Hànyǔ.

⊕ 단어 　学习 xuéxí [동] 공부하다

부정문			
주어	부정	동사	목적어
我	不	学习	汉语

⊕ 예문 　나는 중국어를 공부하지 않는다.
　　　　我不学习汉语。
　　　　Wǒ bù xuéxí Hànyǔ.

중국어는 동사술어문과 형용사술어문이 있습니다. 동사가 중심이 되는 문장과 "예쁘다, 잘 생겼다" 등의 형용사가 중심이 되는 문장 구조입니다. 형용사 술어문은 한국어처럼 "그녀는 예쁘다"라고 말하면 됩니다.

형용사 술어문		
주어	(hen)*습관적 표현	형용사
她	(很)	漂亮

⊕ 예문 　그녀는 (매우) 예쁘다.
　　　　她很漂亮。
　　　　Tā hěn piàoliang.

⊕ 단어 　漂亮 piàoliang [형] 예쁘다

* 형용사 술어문에는 습관적으로 很을 붙이는 경우가 많습니다. 해석은 '매우'라고 하지 않아도 된답니다.

부정문		
주어	부정	형용사
她	不	漂亮

⊕ 예문 　그녀는 안 예쁘다.
　　　　她不漂亮。
　　　　Tā bú piàoliang.

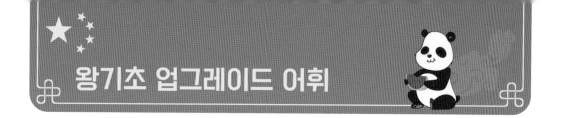

认识 VS 知道

认识 rènshi	知道 zhīdào
(동) 알다, 인식하다	(동) 알다, 이해하다

认识와 知道는 동사로서 모두 '알다'라는 뜻을 가지고 있지만, 아는 정도는 엄연히 다르답니다!
안면(친분)이 있다?와 없다?!의 차이점이죠!

대표적인 예로 '어떤 사람'을 안다고 표현할 때,
- 어떤 사람의 이름 또는 그와 관계된 사실을 들어본 적은 있지만, 서로 안면(친분)은 없을 때 :
  我知道他! Wǒ zhīdào tā. (그래서 보통 연예인, 유명인, 위인 등에 대해서는 知道를 사용합니다.)

➕ 예문　나는 트럼프를 압니다.

　　　　我知道特朗普。

　　　　Wǒ zhīdào Tèlǎngpǔ.

- 어떤 사람을 본 적이 있어서 잘 알거나 (상대가 나를 모를 수도 있음), 서로 만난 적 있고 친분이 있을 때 :
  我认识他!

➕ 예문　나는 그를 알아요, 그는 나와 같이 공부하는 친구입니다.

　　　　我认识他，他是我的同学。

　　　　Wǒ rènshi tā, tā shì wǒ de tóngxué.

· 비교 구문

➕ 예문　나는 그의 이름은 알지만, 그를 (직접적으로) 알지는 못합니다.

　　　　我知道他的名字，但是不认识他。

　　　　Wǒ zhīdào tā de míngzi, dànshì bú rènshi tā.

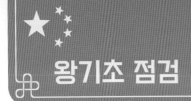

★ 왕기초 점검

01 왕기초 연습해보기

🎧 02_d.mp3

▌(한어병음 듣고) 단어 받아쓰기

01
한어 병음 :
중국어　 :

02
한어 병음 :
중국어　 :

03
한어 병음 :
중국어　 :

04
한어 병음 :
중국어　 :

▌(한어병음 듣고) 문장 받아쓰기

01
한어 병음 : Nǐ jiào _____?
중국어　 : 你叫 _____?

02
한어 병음 : _____ Mǎlì.
중국어　 : _____ 玛丽

03
한어 병음 : Nǐ shì _____?
중국어　 : 你是 _____?

04
한어 병음 : Wǒ shì _____ .
중국어　 : 我是 _____。

02 왕기초 한자 기억 톡톡!

중국 한자 vs 중화 문화권 한자

간체 叫	叫				
번체 叫	叫				

간체 汉语	汉语				
번체 漢語	漢語				

간체 名字	名字				
번체 名字	名字				

간체 韩国	韩国				
번체 韓國	韓國				

간체 哪	哪				
번체 哪	哪				

간체 美国人	美国人				
번체 美國人	美國人				

간체 认识	认识				
번체 認識	認識				

간체 知道	知道				
번체 知道	知道				

01 이름이 무엇입니까?

你叫什么名字?
Nǐ jiào shénme míngzi?

02 저는 김수진입니다.

我叫金修真。
Wǒ jiào Jīnxiūzhēn

03 만나서 반갑습니다.

认识你, 很高兴。
Rènshi nǐ, hěn gāoxìng.

04 당신은 어느 나라 사람입니까?

你是哪国人?
Nǐ shì nǎ guó rén?

05 저는 미국 사람이에요.

我是美国人。
Wǒ shì Měiguó rén.

04 표현 PLUS

– 한국어 브랜드를 중국어로?

중국어로 브랜드를 바꾸는 것은 여러 가지 방법이 있습니다. 영어 브랜드를 그대로 사용하는 경우도 있지만, 한국어나 영어 발음에 맞는 한자로 변경거나(음역), 발음보다는 뜻에 중점을 두고 변경하는 경우(의역)가 있습니다.

	중국	대만
삼성	(음역) 三星 sānxīng	三星 sānxīng
엘지	(음역) LG	LG
락앤락	(의역) 乐扣乐扣 Lèkòu lèkòu	樂扣樂扣 Lèkòu lèkòu
오리온	(의역) 好丽友 Hǎolìyǒu	好麗友 Hǎolìyǒu

뭐 먹을래요?

요즘 마라탕(麻辣烫, Málàtàng)이 그렇게 핫하다는데…?
궈바러우(锅包肉, Guōbāoròu), 훠궈(火锅, Huǒguō)도
맛있는데… 언제 먹어도 맛있는 중국요리들!
내가 좋아하는 피자, 파스타, 햄버거, 라면…
이런 음식들은 중국어로 어떻게 말하는 걸까?!

학습 자료

단어

吃 chī [동] 먹다

巧克力 qiǎokèlì [명] 초콜릿

不 bù [부] 아니다 (부정을 나타내는 부사)

喜欢 xǐhuan [동] 좋아하다

为什么 wèishénme [대] 왜, 무엇 때문에

太 tài [부] 너무

甜 tián [형] (맛이) 달다

这 zhè [대] 이, 이것

什么 shénme [대] 무엇

菜 cài [명] 요리

中国菜 Zhōngguó cài [명] 중국요리

麻辣烫 Málàtàng [명] 마라탕 (중국 쓰촨성 음식)

好吃 hǎochī [형] 맛있다

◆ 플러스 단어

喝 hē 마시다

做 zuò 하다

买 mǎi 사다

咖啡 kāfēi 커피

看 kàn 보다

왕기초 회화

A 니 츠 차오커리 마?
你吃巧克力吗?
Nǐ chī qiǎokèlì ma?

B 부,　　워 부시환 차오커리.
不，我不喜欢巧克力。
Bù,　　wǒ bù xǐhuan qiǎokèlì.

A 웨이선머?
为什么?
Wèishénme?

B 타이 톈 러.
太甜了。
Tài tián le.

A 초콜릿 먹을래요?
B 아니요, 전 초콜릿을 안 좋아해요.
A 왜요?
B 너무 달아서요.

◆ 회화 더하기

커피 마실래요?
你喝咖啡吗?
Nǐ hē kāfēi ma?

전 커피 안 좋아해요, 차를 좋아해요.
我不喜欢咖啡，喜欢喝茶。
Wǒ bù xǐhuan kāfēi, xǐhuan hē chá.

🎧 03_b.mp3

A 저 스 선머 차이?
这是什么菜?
Zhè shì shénme cài?

B 저 스 마라탕, 스 중궈차이.
这是麻辣烫，是中国菜。
Zhè shì Málàtàng, shì Zhōngguó cài.

A 하오츠 마?
好吃吗?
Hǎochī ma?

B 스, 헌 하오츠!
是，很好吃!
Shì, hěn hǎochī!

A 이건 무슨 음식인가요?
B '마라탕'이라고 중국음식이에요.
A 맛있어요?
B 네, 맛있어요!

➡ 회화 더하기

어떤 음식 좋아하세요?
你喜欢吃什么菜?
Nǐ xǐhuan chī shénme cài?

저는 중국음식 좋아해요.
我喜欢吃中国菜。
Wǒ xǐhuan chī Zhōngguó cài.

 명사를 수식하는 의문사 什么는 '무슨', '어떤' 이라는 의미로, 질문 대상의 종류, 성질 등을 물어볼 때 사용할 수 있습니다.

원어민처럼 소리 내기

성모(3)

설근음)

g/k/h 성모는 혀뿌리로 목구멍을 막았다가 떼면서 내는 소리로 단독으로 발음할 때는 운모 e를 붙여서 소리 냅니다.

g(e)	한국어의 '끄~(어)'처럼 발음합니다.

k(e)	한국어의 '크~(어)'처럼 발음합니다.

h(e)	한국어의 '흐~(어)'처럼 발음합니다.

* 혀뿌리와 목구멍 사이로 숨이 나갈 때, g는 약하게, k는 거세게 나가는 소리이고, h는 혀뿌리가 목구멍에 닿을 듯 말 듯 하면서 숨이 그 사이로 마찰을 일으켜 내는 소리입니다.

* 설근음을 연습할 때는 '(어)'가 거의 들리지 않게 살짝 힘을 빼면서 소리 내어주는 것이 원어민에 가까운 소리 내기입니다.

gē	gé	gě	gè
kē	ké	kě	kè
hē	hé	hě	hè

왕기초 어법

▌부정부사 '不'

동사 앞에 부정부사 不 bù를 붙이면 동작에 대한 부정을 나타냅니다.

> 주어 + 不 + 동사 + 목적어

나는 커피를 마십니다.
我喝咖啡。
Wǒ hē kāfēi.

→

나는 커피를 마시지 않습니다.
我不喝咖啡。
Wǒ bù hē kāfēi.

나는 빵을 먹습니다.
我吃面包。
Wǒ chī miànbāo.

→

나는 빵을 먹지 않습니다.
我不吃面包。
Wǒ bù chī miànbāo.

그는 학생입니다.
他是学生。
Tā shì xuésheng.

→

그는 학생이 아니라 선생님입니다.
他不是学生，是老师。
Tā búshì xuésheng, shì lǎoshī.

➕단어 　　**面包** miànbāo [명] 빵 　│　 **今天** jīntiān [명] 오늘 　│　 **热** rè [형] 덥다

부정부사 不는 형용사 앞에 놓여 그 성질이나 상태를 부정할 수 있습니다.

> 주어 + 不 + 형용사

나는 몸이 좋지 않습니다.
我身体不好。
Wǒ shēntǐ bù hǎo.

오늘 덥지 않습니다.
今天不热。
Jīntiān bú rè.

그는 안 바쁩니다.
他不忙。
Tā bù máng.

지시대사 '这'와 '那'

사람, 사물을 가리키는 지시대사에는 这 zhè와 那 nà가 있습니다.

가까이 있는 대상을 가리킬 때는 这(이, 이것, 이 사람), 멀리 있는 대상을 가리킬 때는 那(그, 그것, 그 사람, 저, 저것, 저 사람)를 사용합니다.

⊕ 예문

이건 뭐예요?

这是什么？

Zhè shì shénme?

이것은 휴대폰입니다.

这是手机。

Zhè shì shǒujī.

저 사람은 선생님입니다.

那是老师。

Nà shì lǎoshī.

이것은 책이고, 저것은 노트입니다.

这是书，那是笔记本。

Zhè shì shū, nà shì bǐjìběn.

⊕ 단어 手机 shǒujī [명] 휴대폰 │ 书 shū [명] 책 │ 笔记本 bǐjìběn [명] 노트

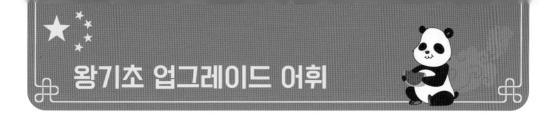
吃 chī	喝 hē
(동) 먹다	(동) 마시다

한국어에서는 '물을 먹다'와 '물을 마시다'처럼 동사 '먹다'와 '마시다'를 혼용할 수 있지만, 중국어에서는 먹다(吃)와 마시다(喝)를 구분하여 사용합니다.

예를 들어, 우리는 '물 먹을래?', '우유 먹을래?'라고 말해도 어색하지 않지만, 중국어로 물, 우유, 콜라 등 마실 것에 동사 먹다(吃)를 사용하면 어색하게 느껴집니다.

⊕ 예문

물을 먹다(마시다)

喝水 hē shuǐ (O), 吃水(X)

커피를 먹다(마시다)

喝咖啡 hē kāfēi (O), 吃咖啡(X)

우유를 먹다(마시다)

喝牛奶 hē niúnǎi (O), 吃牛奶(X)

콜라를 먹다(마시다)

喝可乐 hē kělè (O), 吃可乐(X)

우리는 일반적으로 탕(국)이나 죽을 '먹다'라고 표현하지만, 중국어에서는 '마시다(喝)'라고 주로 표현합니다.

탕(국)을 먹다
喝汤 hē tāng

죽을 먹다
喝粥 hē zhōu

왕기초 점검

01 왕기초 연습해보기

🎧 03_d.mp3

▌(한어병음 듣고) 단어 받아쓰기

01
한어 병음 :
중국어　　:

02
한어 병음 :
중국어　　:

03
한어 병음 :
중국어　　:

04
한어 병음 :
중국어　　:

▌(한어병음 듣고) 문장 받아쓰기

01
한어 병음 : Nǐ _____ ma?
중국어　　: 你 _____ 吗?

02
한어 병음 : Wǒ _____ qiǎokèlì.
중국어　　: 我 _____ 巧克力。

03
한어 병음 : Nǐ xǐhuan chī _____ ?
중국어　　: 你喜欢吃 _____?

04
한어 병음 : Wǒ xǐhuan chī _____ .
중국어　　: 我喜欢吃 _____ 。

02 왕기초 한자 기억 톡톡!

중국 한자 vs 중화 문화권 한자

간체 吃	吃			
번체 吃	吃			

간체 巧克力	巧克力			
번체 巧克力	巧克力			

간체 喜欢	喜欢			
번체 喜歡	喜歡			

간체 为什么	为什么			
번체 為什麼	為什麼			

간체 这	这			
번체 這	這			

간체 菜	菜			
번체 菜	菜			

간체 麻辣烫	麻辣烫			
번체 麻辣燙	麻辣燙			

간체 好吃	好吃			
번체 好吃	好吃			

01 커피 마실래요?

你喝咖啡吗?

Nǐ hē kāfēi ma?

02 전 커피 좋아하지 않아요.

我不喜欢咖啡。

Wǒ bù xǐhuan kāfēi.

03 이것은 마라탕이에요.

这是麻辣烫。

Zhè shì Málàtàng.

04 어떤 음식 좋아하세요?

你喜欢吃什么菜?

Nǐ xǐhuan chī shénme cài?

05 저는 중국음식 좋아해요.

我喜欢吃中国菜。

Wǒ xǐhuan chī Zhōngguó cài.

04 표현 PLUS
– 음식과 관련된 다양한 중국어 표현

식당이나 카페에 가서 주문하는 다양한 먹거리들은 중국어로 어떻게 표현할까?

吃 chī [동] 먹다		喝 hē [동] 마시다	
주식류	饭 fàn 밥 炒饭 chǎofàn 볶음밥 披萨饼 pīsàbǐng 피자 意大利面 yìdàlìmiàn 파스타 汉堡包 hànbǎobāo 햄버거	간식류	饼干 bǐnggān 과자 面包 miànbāo 빵 三明治 sānmíngzhì 샌드위치 蛋糕 dàngāo 케이크 巧克力 qiǎokèlì 초콜릿
음료류	美式咖啡 Měishì kāfēi 아메리카노 拿铁 nátiě 카페라떼 红茶 hóngchá 홍차 绿茶 lǜchá 녹차 奶茶 nǎichá 밀크티 可乐 kělè 콜라	주류	啤酒 píjiǔ 맥주 葡萄酒 pútáojiǔ 포도주 白酒 báijiǔ 백주 烧酒 shāojiǔ 소주

어디 가나요?

중국 사람들(中国人 , Zhōngguó rén)은 인사말로
어디 가냐는 질문을 많이 한다고 하던데,
중국어(汉语, Hànyǔ)로 집에 간다는 그럼 어떻게 말하지?
집에 간다고 하나? 아니면 집에 돌아간다고 하나?

학습 자료

단어

去 qù [동] 가다

图书馆 túshūguǎn [명] 도서관

又 yòu [부] 또, 다시

忘 wàng [동] 잊다, 망각하다

拿 ná [동] (손에) 쥐다, 가지다

东西 dōngxi [명] 물건

景福宫 Jǐngfúgōng [고유] 경복궁

饭 fàn [명] 밥

下次 xiàcì [명] 다음 번

◆ 플러스 단어

学校 xuéxiào 학교

百货商店 bǎihuòshāngdiàn 백화점

餐厅 cāntīng 식당(레스토랑)

医院 yīyuàn 병원

补习班 bǔxíbān 학원

咖啡厅 kāfēitīng 커피숍

왕기초 회화

왕기초 회화 1

04_a.mp3

A 니 취 날?
你去哪儿?
Nǐ qù nǎr?

B 워 취 투수관.　　　니 너?
我去图书馆。你呢?
Wǒ qù túshūguǎn.　　Nǐ ne?

A 워 후이 자.　　　니 요우 취 투수관 마?
我回家。你又去图书馆吗?
Wǒ huíjiā.　　Nǐ yòu qù túshūguǎn ma?

B 워 왕 나 둥시 러.
我忘拿东西了。
Wǒ wàng ná dōngxi le.

A 당신은 어디에 갑니까?
B 저는 도서관에 갑니다. 당신은요?
A 저는 집에 가요. 당신은 또 도서관에 가나요?
B 물건을 놓고 왔어요.

◆ 회화 더하기

어디에 사나요?
你住哪里?
Nǐ zhù nǎli?

저는 유학생 기숙사에 삽니다.
我住留学生宿舍。
Wǒ zhù liúxuéshēng sùshè.

> **Notes** 又 단어의 한국어 발음 표기 기준상 "유"로 적는 것이 맞으나, 중국어 실제 발음과 차이가 커서, 본 교재에서는 "요우"로 표기합니다.

58

A 니 취 나리?
你去哪里?
Nǐ qù nǎli?

B 워 취 징푸궁. 니 취 날?
我去景福宫。你去哪儿?
Wǒ qù Jǐngfúgōng. Nǐ qù nǎr?

A 워 취 츠판. 샤츠 젠!
我去吃饭。下次见!
Wǒ qù chīfàn. Xiàcì jiàn!

B 짜이젠!
再见!
Zàijiàn!

A 어디에 가시나요?
B 나는 경복궁에 가요. 당신은 어디에 가나요?
A 나는 밥 먹으러 가요. 다음에 만나요!
B 잘 가요!

✪ 회화 더하기

말씀 좀 여쭙겠습니다, 중국은행은 어디에 있나요?
请问, 中国银行在哪儿?
Qǐngwèn, Zhōngguó yínháng zài nǎr?

바로 저기입니다.
就在那儿。
Jiù zài nàr.

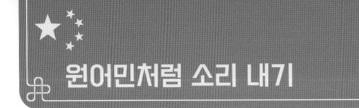

원어민처럼 소리 내기

01 원어민처럼 소리 내기

🎧 04_c.mp3

성모(4)

설면음)

j/q/x 성모는 입술을 옆으로 벌리고 혀를 입천장에 살짝 붙였다가 떼면서 내는 소리로 단독으로 발음할 때는 운모 i를 붙여서 소리 냅니다.

j(i)	한국어의 '지'처럼 발음합니다.
q(i)	한국어의 '치'처럼 발음합니다.
x(i)	한국어의 '시'처럼 발음합니다.

jī	jí	jǐ	jì
qī	qí	qǐ	qì
xī	xí	xǐ	xì

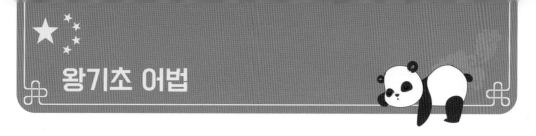

의문대명사 '哪儿, 哪里'

장소를 묻는 의문대명사 哪儿, 哪里는 "어디"를 의미하며 두 가지 모두 사용할 수 있습니다.
주로 북방에서는 哪儿, 남방에서는 哪里를 사용하는 편입니다.

* 의문 대명사 p35 참고

⊕ 예문

Ⓐ 당신은 어디에 갑니까?
你去哪儿？
Nǐ qù nǎr?

Ⓑ 저는 커피숍에 갑니다.
我去咖啡厅。
Wǒ qù kāfēitīng.

Ⓐ 당신은 어디에 가나요?
你去哪里？
Nǐ qù nǎli?

Ⓑ 나는 집에 갑니다.
我回家。
Wǒ huí jiā.

▌연동문

중국어는 하나의 주어에 두 개 이상의 술어를 가지고 올 수 있습니다. 뒤에 오는 동사가 앞 동사의 목적을 나타내며 이를 연동문이라고 합니다.

주어	동사1	(목적어1)	동사2	목적어2
我	去	图书馆	拿	东西

⊕ 예문

나는 학원에 중국어를 배우러 갑니다.

我去补习班学汉语。

Wǒ qù bǔxíbān xué Hànyǔ.

나는 커피숍에 브런치를 먹으러 갑니다.

我去咖啡厅吃早午饭。

Wǒ qù kāfēitīng chī zǎowǔfàn.

⊕ 단어　早午饭 zǎowǔfàn [명] 브런치　│　星巴克 Xīngbākè [고유] 스타벅스 (기업명)　│　就 jiù [부] 곧, 바로

▌장소 나타내는 这儿 / 那儿

지시대사 这儿 / 那儿은 장소를 지칭하는 표현입니다. 가까운 이곳을 나타낼 때는 这儿, 멀리 있는 저곳을 나타낼 때는 那儿을 사용합니다.

⊕ 예문

Ⓐ 실례합니다, 스타벅스가 어디에 있나요?

　请问，星巴克在哪儿？

　Qǐngwèn, Xīngbākè zài nǎr?

Ⓑ 바로 여기입니다.

　就在这儿。

　Jiù zài zhèr.

왕기초 업그레이드 어휘

去 VS 回

去 qù	回 huí
(동) 가다	(동) 되돌아가다, (원위치로)되돌아오다.

去와 回는 동사로서 '가다'와 '되돌아가다/오다'라는 뜻을 가지고 있습니다. 하지만 우리가 공부한 뜻과 달리 함께 쓰이면 어색한 장소들이 있습니다.

→ 집에 간다? or 집에 돌아간다?
去 동사의 경우 '집, 숙소, 본국' 등의 장소와는 함께 사용하지 않는 편입니다. 이런 장소들은 현재 내가 살고 있는 곳(내가 포함되어 있는 곳)으로, 내가 가는 곳이 아니라 돌아가는 곳이라는 개념으로 생각하는 장소이기 때문입니다. 이제 중국 친구들을 길에서 만난다면 이렇게 표현해보세요!

너 어디 가니? 你去哪儿？ Nǐ qù nǎr?	나 집에 가(x) 我去家。 Wǒ qù jiā. →	나 집에 돌아가 (o) 我回家。 Wǒ huí jiā.
너 어디 가니? 你去哪儿？ Nǐ qù nǎr?	나 숙소에 가(x) 我去宿舍。 Wǒ qù sùshè. →	나 숙소에 돌아가 (o) 我回宿舍。 Wǒ huí sùshè.

(한국인 입장)

너 언제 한국에 가? 你什么时候去韩国？ Nǐ shénme shíhou qù Hánguó?	나 내일 한국에 가(x) 我明天去韩国。 Wǒ míngtiān qù Hánguó. →	나 내일 한국에 돌아가 (o) 我明天回韩国。 Wǒ míngtiān huí Hánguó.

(중국인 입장)

너 언제 한국에 가? 你什么时候去韩国？ Nǐ shénme shíhou qù Hánguó?	나 내일 한국에 돌아가(x) 我明天回韩国。 Wǒ míngtiān huí Hánguó. →	나 내일 한국에 가 (o) 我明天去韩国。 Wǒ míngtiān qù Hánguó.

왕기초 점검

01 왕기초 연습해보기

🎧 04_d.mp3

▌ (한어병음 듣고) 단어 받아쓰기

01 한어 병음 :
중국어 :

02 한어 병음 :
중국어 :

03 한어 병음 :
중국어 :

04 한어 병음 :
중국어 :

▌ (한어병음 듣고) 문장 받아쓰기

01 한어 병음 : Nǐ _____ nǎr?
중국어 : 你 _____ 哪儿?

02 한어 병음 : Wǒ qù _____ .
중국어 : 我去 _____ 。

03 한어 병음 : Wǒ qù _____ .
중국어 : 我去 _____ 。

04 한어 병음 : _____ jiàn!
중국어 : _____ 见!

02 왕기초 한자 기억 톡톡!

▌중국 한자 vs 중화 문화권 한자

간체 去	去				
번체 去	去				

간체 回	回				
번체 回	回				

간체 图书馆	图书馆				
번체 圖書館	圖書館				

간체 忘	忘				
번체 忘	忘				

간체 拿	拿				
번체 拿	拿				

간체 景福宮	景福宮				
번체 景福宮	景福宮				

간체 吃	吃				
번체 吃	吃				

간체 饭	饭				
번체 飯	飯				

01 당신은 어디에 갑니까?

你去哪儿?

Nǐ qù nǎr?

02 저는 도서관에 갑니다.

我去图书馆。

Wǒ qù túshūguǎn.

03 물건을 놓고 왔습니다.

我忘拿东西了。

Wǒ wàng ná dōngxi le.

04 나는 밥 먹으러 갑니다.

我去吃饭。

Wǒ qù chīfàn.

05 다음에 만나요.

下次见!

Xiàcì jiàn!

04 표현 PLUS
- 중국 교통 수단 알아보기

중국에 직접 가게 되면 가장 많이 이용하게 되는 것은 중국 교통수단입니다. 교통수단과 관련된 중국어 표현을 미리 익혀 두고 연습해 본다면, 중국에 직접 가도 두려울 것이 없답니다.

▌중국 교통수단

버스	公共汽车 / 公交车 gōnggòng qìchē / gōngjiāochē
전철	地铁 dìtiě
기차	火车 huǒchē
고속철	高铁 gāotiě
택시	出租汽车 / 出租车 chūzūqìchē / chūzūchē
전기 스쿠터	电动 diàndòng

▌교통수단 관련 플러스 단어

교통카드	交通卡 jiāotōngkǎ
안전 검사	安检 (安全检查) ānjiǎn (ānquán jiǎnchá)
네비게이션	导航 dǎoháng

무슨 일 하세요?

수많은 직업(职业, zhíyè)들…
난 나중에 어디서 무슨 일을 하게 될까?
중국어 열심히 배워서 꼭 중국 관련된 일을 해야지!
오늘은 직업 묻고 답하기를 연습한다고 했는데…
아! "느그 아부지 뭐하시노?"는 중국어로 뭐지?!

단어

做 zuò [동] 하다

工作 gōngzuò [명] 일 [동] 일하다

现在 xiànzài [명] 지금, 현재

教 jiāo [동] 가르치다

高中 gāozhōng [명] 고등학교

英语 Yīngyǔ [명] 영어

姐姐 jiějie [명] 누나, 언니

哥哥 gēge [명] 형, 오빠

在 zài [개] ~에서

哪儿 nǎr [대] 어디

公司 gōngsī [명] 회사

外科 wàikē [명] 외과

医生 yīshēng [명] 의사

非常 fēicháng [부] 매우, 대단히

聪明 cōngming [형] 똑똑하다, 영리하다

◆ 플러스 단어

银行 yínháng 은행   贸易公司 màoyì gōngsī 무역회사

邮局 yóujú 우체국   商店 shāngdiàn 상점

书店 shūdiàn 서점   酒店 jiǔdiàn 호텔

왕기초 회화 1

🎧 05_a.mp3

A 니 쮀 선머 궁쮀?
你做什么工作?
Nǐ zuò shénme gōngzuò?

B 셴짜이 워 부 궁쮀.　　　니 너?
现在我不工作。 你呢?
Xiànzài wǒ bù gōngzuò.　　Nǐ ne?

A 워 스 라오스.
我是老师。
Wǒ shì lǎoshī.

B 니 자오 선머?
你教什么?
Nǐ jiāo shénme?

A 워 짜이 가오중 자오 잉위.
我在高中教英语。
Wǒ zài gāozhōng jiāo Yīngyǔ.

A 무슨 일 하세요?
B 전 지금 일을 안 하고 있어요. 당신은요?
A 전 선생님이에요.
B 뭐를 가르치세요?
A 고등학교에서 영어 가르쳐요.

🔷 회화 더하기

직업이 무엇인가요?
你的职业是什么?
Nǐ de zhíyè shì shénme?

나는 사업을 합니다.
我做生意。
Wǒ zuò shēngyì.

05_b.mp3

A 니 제제 짜이 날 궁쭤?

你姐姐在哪儿工作?

Nǐ jiějie zài nǎr gōngzuò?

B 타 짜이 궁쓰 궁쭤.

她在公司工作。

Tā zài gōngsī gōngzuò.

A 니 거거 너?

你哥哥呢?

Nǐ gēge ne?

B 타 스 와이커 이성,   타 페이창 충밍.

他是外科医生，他非常聪明。

Tā shì wàikē yīshēng,   tā fēicháng cōngming.

A 당신 언니는 어디에서 일해요?
B 언니는 회사에서 근무해요.
A 오빠는요?
B 오빠는 외과의사예요, 아주 똑똑
　해요.

⊙ 회화 더하기

어디에서 일하세요?
你在哪儿工作?
Nǐ zài nǎr gōngzuò?

저는 서울에서 일해요.
我在首尔工作。
Wǒ zài Shǒu'ěr gōngzuò.

71

원어민처럼 소리 내기

성모(5)

🔊 05_c.mp3

설치음)

z / c / s 성모는 혀 끝을 윗니 뒤쪽에 댔다가 떼면서 내는 소리로 단독으로 발음할 때는 운모 i를 붙여서 합니다.

z(i)	한국어의 '쯔'처럼 발음합니다.

c(i)	한국어의 '츠'처럼 발음합니다.

s(i)	한국어의 '쓰'처럼 발음합니다.

> **Notes** 성모(4)에서 j / q / x를 단독 발음 할 때는 운모 i를 한국어의 '이'처럼 소리 내지만, 설치음 z / c / s를 발음할 때는 운모 i를 '으'처럼 소리 냅니다. 꼭 기억해주세요!

zī	zí	zǐ	zì
cī	cí	cǐ	cì
sī	sí	sǐ	sì

➕참조

jī	jí	jǐ	jì
qī	qí	qǐ	qì
xī	xí	xǐ	xì

왕기초 어법

동사 '是'

동사 是 shì는 '~이다(~입니다)'라는 뜻으로 是가 술어로 쓰인 문장을 是자문이라고 합니다.

是 앞에 부정부사 不를 붙이면 부정문, 문장 끝에 의문조사 吗를 붙이면 의문문, 술어 是의 긍정형(是)과 부정형(不是)을 함께 나열하면 정반의문문을 만들 수도 있습니다.

긍정문) A 是 B

'주어+ +목적어'의 가장 기본적인 형태로 'A는 B입니다(이다)'라는 의미를 나타냅니다.

⊕ 예문

저는 선생님입니다.

我是老师。

Wǒ shì lǎoshī.

그녀는 내 언니입니다.

她是我姐姐。

Tā shì wǒ jiějie.

이것은 책입니다.

这是书。

Zhè shì shū.

부정문) A 不是 B

是 앞에 부정부사 不를 붙여 'A는 B가 아닙니다(아니다)'라는 의미를 나타냅니다.

⊕ 예문

저는 선생님이 아닙니다.

我不是老师。

Wǒ búshì lǎoshī.

그녀는 내 언니가 아닙니다.

她不是我姐姐。

Tā búshì wǒ jiějie.

이것은 책이 아닙니다.

这不是书。

Zhè búshì shū.

의문문) A 是 B 吗 ?

문장 끝에 의문조사 吗를 붙여 'A는 B입니까?'라는 의미를 나타냅니다.

⊕ 예문

그는 선생님입니까?

他是老师吗 ?

Tā shì lǎoshī ma?

이것은 책입니까?

这是书吗 ?

Zhè shì shū ma?

그녀는 당신 언니입니까?

她是你姐姐吗?

Tā shì nǐ jiějie ma?

정반의문문) A 是不是 B ?

술어 是의 긍정형과 부정형을 나열한 是不是를 사용해 'A는 B입니까 아닙니까?'라는 의미를 나타냅니다.

⊕ 예문

그는 선생님입니까? (입니까 아닙니까?)

他是不是老师 ?

Tā shìbushì lǎoshī?

이것은 책입니까? (입니까 아닙니까?)

这是不是书 ?

Zhè shìbushì shū?

그녀는 당신의 언니입니까? (입니까 아닙니까?)

她是不是你姐姐?

Tā shìbushì nǐ jiějie?

 Notes   정반의문문 ~是不是~?는 문장 끝에 의문조사 吗를 사용하지 않고, 본래 4성인 不의 성조는 경성으로 읽는 점에 주의해야 합니다.

▌개사 '在'

개사 在 zài는 '~에서'라는 뜻으로 동작이나 행위가 발생한 장소를 나타냅니다.
개사 구조(在 + 장소 명사) 뒤에 동사가 오는 어순으로, 주어와 동사 사이에 놓이는 개사 구조의 위치에 주의해야 합니다.

주어 + 在 + 장소 명사 + 동사

⊕ 예문

나는 회사에서 근무합니다.

我在公司工作。

Wǒ zài gōngsī gōngzuò.

우리 형은 베이징에서 중국어를 공부합니다.

我哥哥在北京学习汉语。

Wǒ gēge zài Běijīng xuéxí Hànyǔ.

⊕ 단어   北京 Běijīng [고유] 베이징(북경)

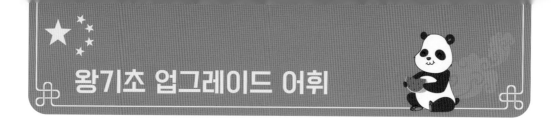
在 zài	在 zài
(동) ~에 있다	(부) ~하고 있는 중이다

동사 在는 '~에 있다'라는 뜻으로, 사람이나 사물의 존재를 나타냅니다.
'주어(사람 또는 사물)+在+장소 명사'의 형태로 쓰이며, 부정은 在 앞에 부정부사 不를 붙입니다.
개사 在 뒤에는 동사가 오지만, 동사 在는 그 자체가 동사이기 때문에 다른 동사가 필요 없습니다.

⊕ 예문

그는 집에 있습니다.
他在家。
Tā zài jiā.

그는 집에 없습니다. (그는 집에 있지 않습니다.)
他不在家。
Tā búzài jiā.

(cf. 개사 在) 그는 집에서 쉽니다.
他在家休息。
Tā zài jiā xiūxi.

부사 在 는 '(지금) ~하고 있는 중이다'라는 뜻으로, '주어+在+동사'의 형태로 쓰여 동작이 진행되고 있는 상태를 나타냅니다.
앞서 설명한 동사 在와는 달리 부사 在는 장소와 관련이 없습니다.

⊕ 예문

나는 수업 중입니다.
我在上课。
Wǒ zài shàngkè.

나는 밥 먹는 중입니다.
我在吃饭。
Wǒ zài chīfàn.

> **Notes** 동작의 진행을 나타낼 때는 在 앞에 正을 붙인 正在 zhèngzài를 사용하기도 합니다. 在와 正在는 둘다 동작의 현재 진행을 나타내지만, 在가 동작이 진행, 지속되는 상태를 강조한다면 正在는 '마침~하고 있는 중이다'라는 의미로 동작이 진행되는 시점을 강조합니다.

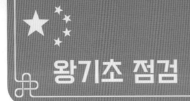

왕기초 점검

01 왕기초 연습해보기

🎧 05_d.mp3

▌(한어병음 듣고) 단어 받아쓰기

01
한어 병음 :
중국어　 :

02
한어 병음 :
중국어　 :

03
한어 병음 :
중국어　 :

04
한어 병음 :
중국어　 :

▌(한어병음 듣고) 문장 받아쓰기

01
한어 병음 : Nǐ _____?
중국어　 : 你_____?

02
한어 병음 : Wǒ _____ .
중국어　 : 我_____。

03
한어 병음 : Nǐ jiějie _____ gōngzuò?
중국어　 : 你姐姐_____ 工作?

04
한어 병음 : Tā _____ gōngzuò.
중국어　 : 她_____ 工作。

02 왕기초 한자 기억 톡톡!

중국 한자 vs 중화 문화권 한자

간체 做	做				
번체 做	做				

간체 工作	工作				
번체 工作	工作				

간체 现在	现在				
번체 現在	現在				

간체 英语	英语				
번체 英語	英語				

간체 在	在				
번체 在	在				

간체 哪儿	哪儿				
번체 哪兒	哪兒				

간체 医生	医生				
번체 醫生	醫生				

간체 聪明	聪明				
번체 聰明	聰明				

🎧 05_e.mp3

01 무슨 일 하세요?

你做什么工作?

Nǐ zuò shénme gōngzuò?

02 저는 지금 일 안 하고 있어요.

现在我不工作。

Xiànzài wǒ bù gōngzuò.

03 저는 선생님입니다.

我是老师。

Wǒ shì lǎoshī.

04 어디에서 일하세요?

你在哪儿工作?

Nǐ zài nǎr gōngzuò?

05 저는 회사에서 근무합니다.

我在公司工作。

Wǒ zài gōngsī gōngzuò.

04 표현 PLUS
- 직업과 관련된 다양한 중국어 표현

学校 xuéxiào 학교	**老师** lǎoshī 선생님 **教师** jiàoshī 교사 **教授** jiàoshòu 교수
医院 yīyuàn 병원	**医生** yīshēng 의사 **牙医** yáyī 치과의사 **护士** hùshi 간호사
法院 fǎyuàn 법원	**律师** lǜshī 변호사 **检察官** jiǎncháguān 검사
公司 gōngsī 회사	**公司职员** gōngsī zhíyuán 회사원 **程序员** chéngxùyuán 프로그래머 **工程师** gōngchéngshī 엔지니어
餐厅 cāntīng 음식점	**厨师** chúshī 요리사 **服务员** fúwùyuán 종업원
电视台 diànshìtái 방송국	**导演** dǎoyǎn 감독 **演员** yǎnyuán 배우 **歌手** gēshǒu 가수 **播音员** bōyīnyuán 아나운서 **记者** jìzhě 기자
航空公司 hángkōnggōngsī 항공사	**飞行员** fēixíngyuán 비행기 조종사 **乘务员** chéngwùyuán 승무원

식구가 몇 명이에요?

요즘 중국도 아이 낳는 정책이 바뀌었다고 하던데,
그럼 이제 중국도 세 식구(三口人, sān kǒu rén)보다는,
네 식구(四口人, sì kǒu rén)가 더 많아지는 건가?
중국어로는 가족을 어떻게 표현할 수 있을까?

학습 자료

단어

家 jiā [명] 집

有 yǒu [동] (소유) 있다

四 sì [수] 4, 넷

口 kǒu [양] (식구 세는 양사) 명

爸爸 bàba [명] 아빠

妈妈 māma [명] 엄마

和 hé [개] ~와/과

女儿 nǚ'ér [명] 딸

真 zhēn [부] 정말(로), 참으로

漂亮 piàoliang [형] 예쁘다, 아름답다

有点 yǒudiǎn [부] 조금, 약간

像 xiàng [동] ~닮다, 비슷하다

◆ 플러스 단어

爷爷 yéye 할아버지   奶奶 nǎinai 할머니

爸爸 bàba 아빠   妈妈 māma 엄마

哥哥 gēge 형/오빠   姐姐 jiějie 언니/누나

弟弟 dìdi 남동생   妹妹 mèimei 여동생

왕기초 회화

왕기초 회화 1

🎧 06_a.mp3

A 니 자 요우 지 커우 런?

你家有几口人?

Nǐ jiā yǒu jǐ kǒu rén?

B 워 자 요우 쓰 커우 런.

我家有四口人。

Wǒ jiā yǒu sì kǒu rén.

A 니 자 요우 선머 런?

你家有什么人?

Nǐ jiā yǒu shénme rén?

B 바바, 마마, 거거 허 워.

爸爸、妈妈、哥哥和我。

Bàba, māma, gēge hé wǒ.

A 당신 가족은 몇 명입니까?
B 저희 식구는 네 명입니다.
A 가족 구성원은 어떻게 되나요?
B 아빠, 엄마, 오빠 그리고 저예요.

✪ 회화 더하기

외동아들인가요? / 외동딸인가요?

你是独生子吗? / 你是独生女吗?

Nǐ shì dúshēngzǐ ma? / Nǐ shì dúshēngnǚ ma?

아니요, 저는 남동생이 있습니다.

不是, 我有弟弟。

Búshì, wǒ yǒu dìdi.

> **Notes** 有 단어의 한국어 발음 표기 기준상 "유"로 적는 것이 맞으나, 중국어 실제 발음과 차이가 커서, 본 교재에서는 "요우"로 표기합니다.

06_b.mp3

A 저 스 세이?
这是谁?
Zhè shì shéi?

A 이 아이는 누군가요?
B 제 오빠의 딸이에요.
A 아이가 너무 예쁘고, 당신과도 좀 닮았네요.
B 감사합니다.

B 저 스 워 거거 더 뉘얼.
这是我哥哥的女儿。
Zhè shì wǒ gēge de nǚ'ér.

A 저 하이쯔 전 퍄오량,　예 요우뎬 샹 니.
这孩子真漂亮，也有点像你。
Zhè háizi zhēn piàoliang,　yě yǒudiǎn xiàng nǐ.

B 셰셰!
谢谢!
Xièxie.

🔵 회화 더하기

이 아이는 누구의 아이인가요?
这是谁的孩子?
Zhè shì shéi de háizi?

그는 제 아들이에요.
他是我儿子。
Tā shì wǒ érzi.

원어민처럼 소리 내기

성모(6)

🎧 06_c.mp3

권설음)

zh / ch / sh / r 성모는 혀 끝을 말아서 입 천장에 댔다가 떼면서 내는 소리로 단독으로 발음할 때는 운모 i를 붙여서 발음합니다.

zh(i)	한국어의 '즈'처럼 발음합니다.

ch(i)	한국어의 '츠'처럼 발음합니다.

sh(i)	한국어의 '스'처럼 발음합니다.

r(i)	한국어의 '르'처럼 발음합니다.

> **Notes** 성모(4)에서 j / q / x를 단독 발음할 때는 운모 i를 한국어의 '이'처럼 소리 내지만, 설치음 z / c / s와 권설음 zh / ch / sh / r를 발음할 때는 운모 i를 '으'처럼 소리 냅니다. 꼭 기억해주세요!

zhī	zhí	zhǐ	zhì
chī	chí	chǐ	chì
shī	shí	shǐ	shì
rī	rí	rǐ	rì

zī	zí	zǐ	zì
cī	cí	cǐ	cì
sī	sí	sǐ	sì

jī	jí	jǐ	jì
qī	qí	qǐ	qì
xī	xí	xǐ	xì

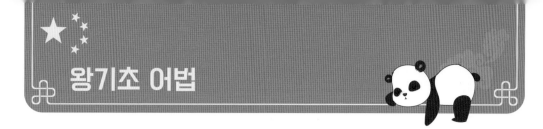

▌几 의문문

几는 "몇" 이라는 뜻으로, 보통 10 미만의 적은 수량을 물을 때 사용합니다. 상대적으로 많은 수량을 묻고 싶을 때는 多少 duōshao 를 사용합니다.

⊕ 예문

Ⓐ 당신 가족은 몇 명인가요?

你家有几口人？

Nǐ jiā yǒu jǐ kǒu rén?

Ⓑ 저희 식구는 다섯 명이에요.

我家有五口人。

Wǒ jiā yǒu wǔ kǒu rén.

Ⓐ 당신은 몇 권의 토익 책이 있나요?

你有几本托业(TOEIC)书?

Nǐ yǒu jǐ běn tuōyè shū?

Ⓑ 다섯 권을 가지고 있습니다.

我有五本书。

Wǒ yǒu wǔ běn shū.

⊕ 단어   本 běn [양] 권 (책 세는 단위) | 托业 tuōyè [명] 토익

▌부사 真

부사 真 은 "진짜, 정말로"의 뜻으로 형용사 앞에서 감탄의 의미로 사용되기도 합니다.

⊕ 예문

당신은 정말 예쁘네요!

你真漂亮！

Nǐ zhēn piàoliang!

너는 정말 똑똑하구나!

你真聪明！

Nǐ zhēn cōngming!

숫자 익히기

숫자는 중국어를 배우는 과정에서 중요한 일상 표현 중 하나입니다. 한국에서 중국어를 공부하다 보면 숫자를 많이 연습해보지 않아서 실제 중국에 도착해서 어려움을 많이 겪게 되니 더 많은 연습이 필요합니다.

1	2	3	4	5
一 yī	二 èr	三 sān	四 sì	五 wǔ
6	7	8	9	10
六 liù	七 qī	八 bā	九 jiǔ	十 shí
11	12	13	14	15
十一 shíyī	十二 shíèr	十三 shísān	十四 shísì	十五 shíwǔ
16	17	18	19	20
十六 shíliù	十七 shíqī	十八 shíbā	十九 shíjiǔ	二十 èrshí

21	33	67	89	
二十一 èrshíyī	三十三 sānshísān	六十七 liùshíqī	八十九 bāshíjiǔ	

100	1000	10000		
一百 yìbǎi	一千 yìqiān	一万 yíwàn		

* 중국어로 숫자를 이야기 할 때는 백, 천, 만이 아니라 일백, 일천, 일만으로 숫자 일을 붙여서 이야기 하는 걸 기억하세요!

숫자 성조변화

一(1성)+1/2/3성 ＝ 一(4성) + 1/2/3성	一(1성)+4성/경성 ＝ 一(2성) + 4성/경성

几口人 VS 几个人

口 kǒu	个 gè
(양) 식구 수 세는 양사	(양) 개, 명, 사람 등을 세는 양사

"口"와 "个" 모두 사람을 셀 수 있는 양사입니다.
하지만 두 양사 사이에는 미묘한 차이점이 있습니다.

你家有几口人？ Nǐ jiā yǒu jǐ kǒu rén?	당신 가족은 몇 명인가요?
我家有四口人。 Wǒ jiā yǒu sì kǒu rén.	우리 가족은 네 명입니다.
你家有几个人？ Nǐ jiā yǒu jǐ ge rén?	집에 몇 명이 있습니까?
我家有四个人。 Wǒ jiā yǒu sì ge rén.	집에 네 명이 있습니다.

즉, 식구를 물어보거나 나타낼 때는 입구자인 口를 사용해서 같이 먹고 자는 사람인 가족을 주로 지칭하게 됩니다. 이에 비해 个의 경우는 모든 사람/사물을 지칭할 수 있는 양사로서, 인원 수 자체를 물어보고자 할 때 주로 사용합니다.

그러니, 중국 친구들에게 가족을 소개하고 이야기 나눌 때는 个가 아닌 口를 사용해서 조금 더 중국인 같이 표현해 보세요!

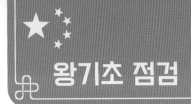

01 왕기초 연습해보기

🎧 06_d.mp3

▌(한어병음 듣고) 단어 받아쓰기

01
한어 병음 :
중국어　 :

02
한어 병음 :
중국어　 :

03
한어 병음 :
중국어　 :

04
한어 병음 :
중국어　 :

▌(한어병음 듣고) 문장 받아쓰기

01
한어 병음 :　Nǐ jiā yǒu ＿＿＿＿＿＿＿＿?
중국어　 :　你家有 ＿＿＿＿＿＿＿＿＿＿?

02
한어 병음 :　Nǐ jiā yǒu ＿＿＿＿＿＿＿?
중국어　 :　你家有 ＿＿＿＿＿＿＿＿?

03
한어 병음 :　＿＿＿＿ shì wǒ ＿＿＿＿ de nǚ'ér.
중국어　 :　＿＿＿＿＿是我＿＿＿＿＿的女儿。

04
한어 병음 :　Zhè háizi ＿＿＿＿＿＿＿＿!
중국어　 :　这孩子 ＿＿＿＿＿＿＿＿＿!

02 왕기초 한자 기억 톡톡!

중국 한자 vs 중화 문화권 한자

간체 家	家				
번체 家	家				

간체 四	四				
번체 四	四				

간체 口	口				
번체 口	口				

간체 独	独				
번체 獨	獨				

간체 孩	孩				
번체 孩	孩				

간체 点	点				
번체 點	點				

간체 真	真				
번체 真	真				

간체 个	个				
번체 個	個				

01 당신 가족은 몇 명입니까?

你家有几口人?
Nǐ jiā yǒu jǐ kǒu rén?

02 네 명입니다.

我家有四口人。
Wǒ jiā yǒu sì kǒu rén.

03 아빠, 엄마, 오빠 그리고 저예요.

爸爸、妈妈、哥哥和我。
Bàba, māma, gēge hé wǒ.

04 이 사람은 누군가요?

这是谁?
Zhè shì shéi?

05 제 오빠의 딸이에요.

这是我哥哥的女儿。
Zhè shì wǒ gēge de nǚ'ér.

04 표현 PLUS
- 중국 소황제 이야기 : "小皇帝"

"小皇帝"란 중국의 산아제한정책인 "한 자녀 갖기" 정책 시행으로, 대부분 가정에서 외동으로 태어난 아이들이 마치 황제처럼 양가 할아버지, 할머니, 부모님의 사랑을 독차지하며 너무 귀하게 자라나서 이기주의적인 모습을 보이는 경우들을 단편적으로 나타내는 신조어입니다.

한 자녀 갖기 정책의 시행 이후에 출생한 아이들이라고 해서 八零后(80年(년) 이후) 세대라고도 이야기 합니다.

하지만, 산아제한정책의 영향으로 신생아 출생 감소로 인해, 2015년 이후 부모 중 하나가 외동이라면 한 자녀 이상 출산이 가능해져서 현재 중국에서는 많은 변화들이 나타나고 있습니다.

특히, 2032년 즈음이면 전 세계 어린이 20억명 가운데 2/3가 중국을 비롯한 동아시아 어린이일 것으로 예상되기 때문에 이들의 마음을 사로잡을 방법을 찾기 위해 여러 글로벌 기업들이 주시하고 있는 상황입니다. 우리도 이 부분을 간과하면 안 되겠죠?!

小皇帝 xiǎohuángdì	소황제
八零后 bālínghòu	80년대 출생자 (빠링허우)
九零后 jiǔlínghòu	90년 이후 세대 (주링허우)

나이 묻기

처음 만나는 사람에게 나이를 묻는 건 예의 없는 것이 아닐까!?
한국(韩国, Hánguó)에서는 대화 중에 편하게 묻기도 하는 질문이지만,
중국(中国, Zhōngguó)에서는 이 질문을 어떻게 생각할까...
나이(年岁, niánsui)를 물어봐도 되는 걸까?

학습 자료

단어

今年 jīnnián [명] 올해

多 duō [부] 얼마나 [형] (수량) 많다

岁 suì [명] (나이를 셀 때) 살, 세

猜 cāi [동] 추측하다

左右 zuǒyòu [명] 좌우/대략

哇 wā [감] 와~

真的 zhēnde 정말로, 참으로

好 hǎo [부] 아주, 정말로, 꽤

显小 xiǎn xiǎo 어려 보인다

年生 niánshēng [명] 년생

个子 gèzi [명] 키

挺~的 tǐng~ de 매우~ 하다

矮 ǎi [형] (키가) 작다

◆ 플러스 단어

前年 qiánnián 재작년   去年 qùnián 작년

今年 jīnnián 올해   明年 míngnián 내년

后年 hòunián 내후년

왕기초 회화 1

🎧 07_a.mp3

A 니 진녠 둬 다?

你今年多大?

Nǐ jīnnián duō dà?

B 워 얼 스 싼 쑤이. 니 너?

我23岁。你呢?

Wǒ èr shí sān suì. Nǐ ne?

A 니 차이차이 바.

你猜猜吧。

Nǐ cāicai ba.

B 니 스 싼 스 쑤이 쭤요우 바?

你是30岁左右吧?

Nǐ shì sān shí suì zuǒyòu ba?

A 셰셰,　　워 쓰 스 둬 쑤이.

谢谢，我40多岁。

Xièxie,　　wǒ sì shí duōsuì.

B 와,　　니 전더 하오 셴 샤오.

哇，你真的好显小。

Wā,　　nǐ zhēnde hǎo xiǎn xiǎo.

A 당신은 올해 몇 살입니까?
B 저는 23살입니다. 당신은요?
A 맞춰보세요.
B 30살 정도 되셨죠?
A 감사해요, 저는 40살이 넘어요.
B 와, 정말 어려보이시네요!

 Notes 右 단어의 한국어 발음 표기 기준상 "유"로 적는 것이 맞으나, 중국어 실제 발음과 차이가 커서, 본 교재에서는 "요우"로 표기합니다.

➕ 회화 더하기

연세가 어떻게 되십니까?

你今年多大年纪? (연장자)

Nǐ jīnnián duō dà niánjì?

몇 살 이에요(몇 살이니)?

你几岁? (어린 아이의 경우)

Nǐ jǐ suì?

나이가 어떻게 되나요?

你多大? (동년배)

Nǐ duō dà?

🎧 07_b.mp3

A 니 뒤 다?
你多大?
Nǐ duō dà?

B 워 바 바 녠성,　　니 너?
我88年生，你呢?
Wǒ bā bā niánshēng, nǐ ne?

A 주 얼 녠,　　니 거쯔 팅 가오 더.　　니 뒤 가오?
92年，你个子挺高的。你多高?
Jiǔ èr nián, nǐ gèzi tǐng gāo de.　　Nǐ duō gāo?

B 이 미 바.　　니 예 부 아이 아!
一米八。你也不矮啊!
Yī mǐ bā.　　Nǐ yě bù ǎi a!

A 워 거쯔 하이싱 바.
我个子还行吧。
Wǒ gèzi háixíng ba.

A 당신은 몇 살인가요?
B 나는 88년생이에요. 당신은요?
A 저는 92년생이에요. 당신 키가 굉장히 크네요. 키가 몇이세요?
B 180입니다. 당신도 작지 않은데요!
A 저는 봐줄 만하죠!

◆ 회화 더하기

몇 킬로세요?
你多重?
Nǐ duō zhòng?

78킬로입니다.
我七十八公斤。
Wǒ qī shí bā gōngjīn.

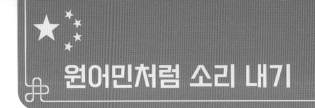

원어민처럼 소리 내기

01 원어민처럼 소리 내기

🎧 07_c.mp3

▌단운모(1)

한국어의 모음 같은 역할을 하는 운모는 한국어의 발음과 어떠한 차이를 가지며 소리를 내는지 성모와 합쳐져서는 어떻게 소리가 나는지 공부해야 합니다.

a	한국어의 '아'처럼 입을 크게 벌리고 발음합니다.
o	한국어의 '오'처럼 발음합니다. b / p / m / f 뒤에서는 오(어)처럼 소리 냅니다.
e	한국어의 '으(어)'처럼 발음합니다.
i	한국어의 '이'처럼 발음합니다.
u	한국어의 '우'처럼 발음합니다.
ü	한국어의 '위'와 비슷한 소리이지만, 입 모양은 '오' 모양을 유지한 채, '위' 처럼 소리 냅니다.

> **Notes** 성모와 운모의 결합으로 아래 표처럼 발음이 구성되어 소리를 낼 수 있습니다.

a	o	e	i	u	ü
bā	pō	dē	jī	sū	nǚ

★✦✦ 왕기초 어법

▌명사 술어문

명사 술어문이란 명사, 수량사 등이 술어의 주요 성분인 문장을 이야기합니다. 주로 "나이, 시간, 날짜, 가격" 등을 나타낼 때 쓰이는데, 긍정문에서는 동사 是를 생략할 수 있어, 명사 술어문 구성이 가능하지만, 부정에서는 동사 是를 생략하지 않습니다.

* 동사 술어문 / 형용사 술어문 p36 참고

주어	명사, 수량사 (술어)
我 Wǒ	二十八岁。 èr shí bā suì

⊕ 예문

(긍정)

저는 스물두 살입니다.

我二十二岁。

Wǒ èr shí èr suì.

(부정)

저는 스물아홉 살이 아닙니다. (X)

我不二十九岁。

Wǒ bù èr shí jiǔ suì

저는 스물아홉 살이 아닙니다. (O)

我不是二十九岁。

Wǒ búshì èr shí jiǔ suì.

▌多 의문문

多 + 형용사	얼마나~ 합니까?

의문부사 多는 뒤에 형용사를 가져와서 "얼마나~ 합니까?" 를 나타냅니다.

✚ 예문

몇 살이세요?		서른 살입니다.
你多大？	→	三十岁。
Nǐ duō dà?		Sān shí suì.

키가 어떻게 되세요?		161입니다.
你多高？	→	我一米六一。
Nǐ duō gāo?		Wǒ yī mǐ liù yī.

몇 킬로입니까?		53킬로입니다.
你多重? 你多胖？	→	我五十三公斤。
Nǐ duō zhòng? Nǐ duō pàng?		Wǒ wǔ shí sān gōngjīn.

✚ 단어   米 mǐ [명.양] 미터 │ 胖 pàng [형] 뚱뚱하다 │ 属 shǔ [동] (십이지의) ~띠이다

▍띠 묻기

중국에도 한국처럼 띠를 물어보는 표현 방법이 있습니다. 간접적으로 상대방 나이를 물어보거나 띠가 궁금할 때 이 방법으로 표현해 보세요!

✚ 예문

무슨 띠예요?
你属什么？
Nǐ shǔ shénme?

돼지띠입니다.
我属猪。
Wǒ shǔ zhū.

12지 동물

鼠 shǔ	牛 niú	虎 hǔ	兔 tù
龙 lóng	蛇 shé	马 mǎ	羊 yáng
猴 hóu	鸡 jī	狗 gǒu	猪 zhū

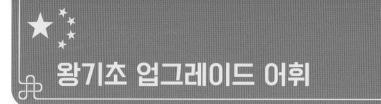
▌多大 VS 多高

多(얼마나...)+大	多(얼마나...)+高
몇 살입니까?	키가 몇이에요?

중국어에서 "大"와 "高"는 각각 '(연령) 많다'와 '(키) 크다'라는 뜻도 가지고 있습니다. 따라서 중국어로 多大?는 몇 살입니까? 多高?는 키가 어떻게 되세요?라는 의미를 나타냅니다. 하지만 大와 高는 한국에서 쓰이는 한자로는 크다와 높다라는 의미로 사용하기 때문에 많은 한국사람들이 혼동해서 사용하고 있습니다.

즉, 多大?를 얼마나 큽니까? 多高?를 얼마나 높나요?로 직역해서 사용하는 것이죠.

같은 한자이지만, 한국과 중국에서의 쓰임은 다른 경우가 많기 때문에 한국어로 단순 해석해서 사용하는 것이 아니라, 중국어 표현에서 어떻게 사용되는지를 문장형태로 잘 기억해서 사용하는 것이 중요합니다.

⊕ 플러스 표현

多远？ Duō yuǎn?	얼마나 (거리가) 멀까요?
多宽？ Duō kuān?	얼마나 (폭이) 넓나요?

왕기초 점검

01 왕기초 연습해보기

♩ 07_d.mp3

▌(한어병음 듣고) 단어 받아쓰기

01
한어 병음 :
중국어 :

02
한어 병음 :
중국어 :

03
한어 병음 :
중국어 :

04
한어 병음 :
중국어 :

▌(한어병음 듣고) 문장 받아쓰기

01
한어 병음 : Nǐ jīnnián _____ ?
중국어 : 你今年 _____ ?

02
한어 병음 : Wǒ _____ ?
중국어 : 我 _____ ?

03
한어 병음 : Nǐ _____ gāo de.
중국어 : 你 _____ 高的。

04
한어 병음 : Wǒ gèzi _____ .
중국어 : 我个子 _____ 。

02 왕기초 한자 기억 톡톡!

중국 한자 vs 중화 문화권 한자

간체 岁	岁			
번체 歲	歲			

간체 挺	挺			
번체 挺	挺			

간체 显	显			
번체 顯	顯			

간체 还	还			
번체 還	還			

간체 行	行			
번체 行	行			

간체 宽	宽			
번체 寬	寬			

01 당신은 올해 몇 살입니까?

你今年多大?

Nǐ jīnnián duō dà?

02 23살입니다.

我23岁。

Wǒ èr shí sān suì.

03 와, 정말 어려보이시네요.

哇，你真的好显小。

Wā, nǐ zhēnde hǎo xiǎn xiǎo.

04 키가 몇이세요?

你多高?

Nǐ duō gāo?

05 봐줄 만하죠.

我个子还行吧。

Wǒ gèzi háixíng ba.

04 표현 PLUS
- 손으로 말하는 숫자 표현

중국은 1~10까지 숫자를 손으로 표현할 수 있습니다. 물론 우리도 숫자를 손으로 표현하지만, 우리와는 조금 다른 중국 사람들만의 독특한 숫자 표현 방식이 있습니다. 보통 1~5까지는 우리와 표현하는 방식이 비슷하고, 6~10까지는 표현 방식이 많이 다르답니다.

중국인이 이렇게 숫자를 손으로 표현하는 이유는 무엇보다 숫자를 정확히 전달하는 데 있습니다. 특히, 시장이나 가게에서 물건을 사거나 흥정할 때 4(四 sì)와 10(十 shí)처럼 발음이 비슷해 헷갈릴 수 있는 숫자를 구분해야 할 때 유용하게 쓸 수 있습니다.

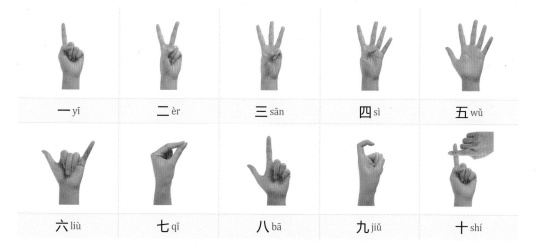

| 一 yī | 二 èr | 三 sān | 四 sì | 五 wǔ |
| 六 liù | 七 qī | 八 bā | 九 jiǔ | 十 shí |

숫자 10은 사람이나 지역에 따라서 양손 검지 손가락을 십자(十) 모양으로 표현하기도 하고, 한 손으로 검지와 중지 손가락 두 개를 크로스하거나 주먹을 쥐기도 합니다.

손으로 말하는 중국식 숫자 표현을 익히면 중국에 갔을 때 당황하지 않고, 쉽게 활용할 수 있답니다.

시간 묻기

일상 생활에서 시간 표현은 기본 중에 기본!
중국어 배우는데 시간 정도는 말할 수 있어야겠지?
몇 시(几点, jǐ diǎn?) 몇 분(几分, jǐ fēn),
몇 시 몇 분 전…. 중국어 시간 표현도 우리와 같을까?

학습 자료

단어

现在 xiànzài [명] 지금, 현재

点 diǎn [양] 시

分 fēn [양] 분

两 liǎng [수] 둘, 2

晚上 wǎnshang [명] 저녁, 밤

下班 xiàbān [동] 퇴근하다

下午 xiàwǔ [명] 오후

以后 yǐhòu [명] 이후

一起 yìqǐ [부] 같이, 함께

吧 ba [조] ~하자 (문장 끝 사용하여 제의, 청유, 명령 등을 표시)

好的 hǎode 좋아 (좋다)

差 chà [형] 모자라다, 부족하다

◆ 플러스 단어

吃早饭 chī zǎofàn 아침을 먹다　　上班 shàngbān 출근하다

吃午饭 chī wǔfàn 점심을 먹다　　起床 qǐchuáng 일어나다(기상하다)

吃晚饭 chī wǎnfàn 저녁을 먹다　　睡觉 shuìjiào 자다

왕기초 회화

왕기초 회화 1

08_a.mp3

A 셴짜이 지 뎬?
现在几点?
Xiànzài jǐ diǎn?

B 셴짜이 량 뎬 쓰 스 펀.
现在两点四十分。
Xiànzài liǎng diǎn sì shí fēn.

A 니 지 뎬 후이쟈?
你几点回家?
Nǐ jǐ diǎn huíjiā?

B 완상 치 뎬 후이쟈.
晚上七点回家。
Wǎnshang qī diǎn huíjiā.

A 지금 몇 시인가요?
B 지금 2시 40분이에요.
A 몇 시에 집에 가세요?
B 저녁 7시에 가요.

> Notes 2시는 二点이 아닌
> 两点이라고 말해야 합니다.

✪ 회화 더하기

지금 몇 시 몇 분이에요?
现在几点几分?
Xiànzài jǐ diǎn jǐ fēn?

12시쯤 됐어요.
十二点左右。
Shí èr diǎn zuǒyòu.

08_b.mp3

A 진톈 니 지 뎬 샤반?

今天你几点下班?

Jīntiān nǐ jǐ diǎn xiàbān?

B 샤우 류 뎬 샤반.

下午六点下班。

Xiàwǔ liù diǎn xiàbān.

A 샤반 이허우, 이치 츠판 바.

下班以后，一起吃饭吧。

Xiàbān yǐhòu, yìqǐ chīfàn ba.

B 하오더. 셴짜이 지 뎬?

好的。现在几点?

Hǎode. Xiànzài jǐ diǎn?

A 차 우 펀 류 뎬.

差五分六点。

Chà wǔ fēn liù diǎn.

A 오늘 몇 시 퇴근이세요?
B 오후 6시에 퇴근해요.
A 퇴근 후에 같이 밥 먹어요!
B 좋아요. 지금 몇 시지요?
A 6시 5분 전이요!

⊙ 회화 더하기

몇 시에 해가 뜨나요?

几点天亮?

Jǐ diǎn tiānliàng?

새벽 5시에요.

凌晨五点。

Língchén wǔ diǎn.

복운모

🎧 08_c.mp3

한국어의 모음 같은 역할을 하는 운모는 한국어의 발음과 어떠한 차이를 가지며 소리를 내는지 성모와 합쳐져서는 어떻게 발음하는지 알아야 합니다.

ai	운모 a(아)를 조금 길게 하여 한국어의 '아이'처럼 발음합니다.
ei	운모 e(에)를 조금 길게 하여 한국어의 '에이'처럼 발음합니다.
ao	운모 a(아)를 조금 길게 하여 한국어의 '아오'처럼 발음합니다.
ou	운모 o(오)를 조금 길게 하여 한국어의 '오우'처럼 발음합니다.

> **Notes** a, o, e로 시작하는 운모는 아래와 같습니다. 복운모 ai, ei, ao, ou 외에 나머지는 원음에 비음 성모가 첨가된 운모로, 발음할 때 비음(콧소리)을 내어주는 것이 원어민에 가까운 소리 내기입니다.

a	ai 아이	ao 아오	an 안	ang 앙
o	ou 어우	ong 옹(웅)		
e	ei 에이	en 언	eng 엉	

gāi	gái	gǎi	gài
gēi	géi	gěi	gèi
gāo	gáo	gǎo	gào
gōu	góu	gǒu	gòu

왕기초 어법

▌시간을 표현하는 단위 '点'과 '分'

구체적인 시간을 나타낼 때 시를 뜻하는 点 diǎn과 분을 뜻하는 分 fēn을 사용합니다.
"지금 몇 시에요?"라고 물을 때는 点과 分을 사용해 몇 시 몇 분이라고 표현합니다.

点과 分이 시간의 어느 한 시점(시각)을 표현한다면, 시간의 양을 표현할 때는 몇 시간을 뜻하는
小时 xiǎoshí와 몇 분 동안을 뜻하는 分钟 fēnzhōng을 사용합니다. "몇 시간 혹은 몇 분 걸리니?"라고 물
었을 때는 小时와 分钟을 사용해 몇 시간, 몇 분 동안이라고 표현합니다.

시점(시각)	点 (~시)	오후 5시 20분 下午五点二十分 xiàwǔ wǔ diǎn èr shí fēn
	分 (~분)	
시간의 양	小时 (~시간)	5시간 五个小时 wǔ ge xiǎoshí
	分钟 (~분 동안)	20분 동안 二十分钟 èr shí fēnzhōng

 小时(~시간)를 사용하여 시간의 양을 표현할 때는 양사 个 ge를 사용합니다.
'숫자+个+小时' 형태로 '몇 시간'을 표현합니다.

10시간 : 十个小时 shí ge xiǎoshí

▌시간 표현하기

일반적으로 몇 시 몇 분을 말할 때는 '숫자+点(시)+숫자+分(분)'으로 표현할 수 있는데, 이때 마지막
의 分은 생략할 수 있습니다. 분 단위가 한 자리 숫자일 때는 숫자 앞에 零(0) líng을 붙입니다.

➕ 예문　6시 20분　　　　　　　　　　　6시 5분
　　　　六点二十(分)　　　　　　　　　六点(零)五(分)
　　　　liù diǎn èr shí (fēn)　　　　　　liù diǎn (líng) wǔ (fēn)

15분, 30분, 45분은 숫자 그대로 말할 수도 있지만, 15분을 표현하는 一刻 yí kè, 30분을 표현하는
半 bàn, 45분을 표현하는 三刻 sān kè 를 사용할 수도 있습니다.

⊕ 예문 9시 15분   9시 30분   9시 45분

九点十五分   九点三十分   九点四十五分
jiǔ diǎn shí wǔ fēn   jiǔ diǎn sān shí fēn   jiǔ diǎn sì shí wǔ fēn

九点一刻   九点半   九点三刻
jiǔ diǎn yí kè   jiǔ diǎn bàn   jiǔ diǎn sān kè

몇 시 몇 분 전이라는 표현은 '모자라다, 부족하다'는 뜻을 가진 형용사 差 chà를 사용하여 표현할 수 있습니다.

⊕ 예문 10시 3분 전   10시 15분 전

差三分十点   差十五分十点
chà sān fēn shí diǎn   chà shí wǔ fēn shí diǎn

                    差一刻十点
                    chà yí kè shí diǎn

시간 읽기			
5시	五点 wǔ diǎn	5시 5분	五点(零)五(分) wǔ diǎn (líng) wǔ (fēn)
5시 15분	五点十五(分) wǔ diǎn shí wǔ (fēn) 五点一刻 wǔ diǎn yí kè	5시 30분	五点三十(分) wǔ diǎn sān shí (fēn) 五点半 wǔ diǎn bàn
5시 45분	五点四十五(分) wǔ diǎn sì shí wǔ (fēn) 五点三刻 wǔ diǎn sān kè 差十五分六点 chà shí wǔ fēn liù diǎn 差一刻六点 chà yí kè liù diǎn		

▌어기조사 '吧'

어기조사 吧 ba는 문장 끝에 놓여 제의, 청유, 명령, 추측 등의 느낌을 표현합니다.
보통 '~하자(~합시다)', '~이지요?'라고 해석되며, 성조 없이 경성으로 가볍게 읽어줍니다.

⊕ 예문

우리 가자.
我们走吧。
Wǒmen zǒu ba.

우리 같이 밥먹자.
我们一起吃饭吧。
Wǒmen yìqǐ chīfàn ba.

당신은 중국인이지요?
你是中国人吧？
Nǐ shì Zhōngguó rén ba?

⊕ 단어 走 zǒu [동] 걷다, 가다

왕기초 업그레이드 어휘

二 VS 两

二 èr	两 liǎng
(수) 2, 둘, 두 번째	(수) 2, 둘

二과 两은 모두 숫자 2, 둘을 뜻하는 수사지만, 그 쓰임은 조금 다릅니다.
숫자를 표현하는 데 있어 二은 일반적으로 숫자(정수)나 번호를 나타낼 때 사용되고,
两은 百 bǎi, 千 qiān, 万 wàn, 亿 yì, 양사 등의 앞에 사용됩니다.

二	两
十二(12)，二十(20)， 二百(200), 二百零五号(205호)	两百 (200)，两千(2천)， 两万(2만), 两亿(2억)

 百 앞에는 二과 两 모두 올 수 있습니다. 다만, 구어체에서는 两百를 더 많이 쓴답니다.

二은 '둘째(두 번째)'를 나타내는 서수이고, 两은 개수를 세는 데 쓰이는 기수입니다. 两 뒤에는 보통 양사 또는 양사로 사용할 수 있는 명사가 오는데, 예를 들면, 二月 èr yuè는 일 년 중 두 번째 해인 2월을 나타 내고, 两个月 liǎng ge yuè는 두 달을 나타냅니다.

二	两
第二年 dì èr nián 이듬해	两年 liǎng nián 2년
二月 èr yuè 2월	两个月 liǎng ge yuè 2개월
星期二 xīngqīèr 화요일	两个星期 liǎng ge xīngqī 2주일
二号 èr hào 2일	两天 liǎng tiān 이틀
第二课 dì èr kè 제2과	两课 liǎng kè 두 개 과

왕기초 점검

01 왕기초 연습해보기

🎧 08_d.mp3

▌(한어병음 듣고) 단어 받아쓰기

01
한어 병음 :
중국어 :

02
한어 병음 :
중국어 :

03
한어 병음 :
중국어 :

04
한어 병음 :
중국어 :

▌(한어병음 듣고) 문장 받아쓰기

01
한어 병음 : Xiànzài _____?
중국어 : 现在_____?

02
한어 병음 : Xiànzài _____ .
중국어 : 现在_____ 。

03
한어 병음 : _____ huíjiā.
중국어 : _____ 回家。

04
한어 병음 : Xiàbān yǐhòu, _____ .
중국어 : 下班以后, _____ 。

02 왕기초 한자 기억 톡톡!

중국 한자 vs 중화 문화권 한자

간체 点	点				
번체 點	點				

간체 分	分				
번체 分	分				

간체 两	两				
번체 兩	兩				

간체 下班	下班				
번체 下班	下班				

간체 以后	以后				
번체 以後	以後				

간체 一起	一起				
번체 一起	一起				

간체 吃饭	吃饭				
번체 吃飯	吃飯				

간체 吧	吧				
번체 吧	吧				

01 지금 몇 시입니까?

现在几点?

Xiànzài jǐ diǎn?

02 지금 2시 40분입니다.

现在两点四十分。

Xiànzài liǎng diǎn sì shí fēn.

03 오늘 몇 시 퇴근하세요?

今天你几点下班?

Jīntiān nǐ jǐ diǎn xiàbān?

04 같이 밥 먹어요!

一起吃饭吧。

Yìqǐ chīfàn ba.

05 6시 5분 전입니다.

差五分六点。

Chà wǔ fēn liù diǎn.

04 표현 PLUS
- 중국 사람들은 "천천히"?

"慢慢的" 중국어로 "천천히"란 뜻을 가진 만만디는 중국 문화에 대해서 이야기할 때 꼭 거론되는 표현입니다.

한 단어로 중국 문화를 이야기하는 것은 쉽지 않지만, 저자들이 처음 중국 땅을 밟았던 20여 년 전만 해도, 어디에서나 쉽게 "만만디"라는 단어를 들을 수 있었습니다. 특히, 공항이나 관공서에서 비행기가 자주 연착되고 일처리가 빠르게 되지 않아도 태평하게 기다려주는 중국 사람들을 만나보면 만만디 문화를 자연스럽게 느낄 수 있었습니다.

반대로, 한국에 온 중국인들이 가장 먼저 배우는 표현이 "빨리빨리"라는 이야기가 있을 만큼 한국 사람과 중국 사람의 시간관념은 다른 편입니다.

하지만, 이런 중국에도 최근에는 많은 변화들이 생겨나고 있습니다. 특히, 신용카드를 받지 않아 불편하다고 했던 중국에서 이제는 현금을 받지 않는 곳이 급속하게 늘어나고, 모바일 결제 시스템이 상거래 결제의 70% 이상을 차지할 만큼 중국인의 소비생활은 빠르게 변화하고 있습니다. 우스갯소리이지만, 중국에서는 구걸도 위챗페이로 한다고 할 만큼 모바일 결제 시스템의 발전이 눈부신 정도입니다. 이제 결제도 "빨리빨리"하는 시스템으로 변화가 생긴 것입니다.

과거에 들었던 오래된 정보들에 갇혀서 예전의 중국 모습만 보려 한다면 변화한 진짜 중국을 이해하기는 힘듭니다. 이제는 우리 모두 변화하는 중국 모습에 주목해야 할 시간입니다.

➕ 플러스 단어

慢慢的 mànmàndi	천천히
快快 kuàikuài	빨리빨리
微信支付 wēixìn zhīfù	위챗페이(WeChatpay)

날짜 묻기

오늘은 중국어로 날짜와 요일 표현 배우는 날!
중국어로 날짜 표현은 우리말과 비슷하고,
요일 표현은 이미 배운 숫자를 활용하면 된다고?!
一二三四五六七(yī èr sān sì wǔ liù qī)를 가지고
월화수목금토일을?

단어

今天 jīntiān [명] 오늘

星期 xīngqī [명] 주, 요일

月 yuè [명] 월, 달

号 hào [명] 일

明天 míngtiān [명] 내일

考试 kǎoshì [명] 시험

怎么 zěnme [대] 어떻게, 어째서, 왜

知道 zhīdào [동] 알다

汉语 Hànyǔ [명] 중국어

的 de [조] ~의

生日 shēngrì [명] 생일

情人节 Qíngrénjié 발렌타인데이

祝你生日快乐 Zhù nǐ shēngrì kuàilè (인사말) 생일 축하합니다.

◆ 플러스 단어

上星期一 shàng xīngqīyī 지난주 월요일

这星期一 zhè xīngqīyī 이번 주 월요일

下星期一 xià xīngqīyī 다음 주 월요일

春节 Chūnjié 설

中秋节 Zhōngqiūjié 추석

国庆节 Guóqìngjié 국경절

왕기초 회화

왕기초 회화 1

🎧 09_a.mp3

A 진텐 싱치 지?

今天星期几?

Jīntiān xīngqī jǐ?

B 진텐 싱치얼,　　　　류 웨 얼 스 주 하오.

今天星期二，六月二十九号。

Jīntiān xīngqīèr,　　liù yuè èr shí jiǔ hào.

밍텐 스 싱치싼.　　　워먼 밍텐 요우 카오스.

明天是星期三。我们明天有考试。

Míngtiān shì xīngqīsān.　Wǒmen míngtiān yǒu kǎoshì.

A 카오스?　　워 쩐머 부즈다오?!

考试? 我怎么不知道?!

Kǎoshì?　Wǒ zěnme bùzhīdào?!

B 니 쩐머 부즈다오?　　워먼 밍텐 요우 한위 카오스.

你怎么不知道? 我们明天有汉语考试。

Nǐ zěnme bùzhīdào?　Wǒmen míngtiān yǒu Hànyǔ kǎoshì.

A 오늘 무슨 요일이죠?

B 오늘은 화요일, 6월29일이에요.
내일은 수요일이고요. 우리 내일
시험 있잖아요.

A 시험이요? 전 왜 모르고 있지요?!

B 어떻게 몰라요? 우리 내일 중국어
시험 있잖아요.

🔵 회화 더하기

오늘은 몇 월 며칠 무슨 요일이에요?

今天 (是) 几月几号，星期几?

Jīntiān (shì) jǐ yuè jǐ hào, xīngqī jǐ?

오늘은 8월1일 금요일이에요.

今天 (是) 八月一号，星期五。

Jīntiān (shì) bā yuè yī hào, xīngqīwǔ.

 요일을 묻고 답할 때 동사 '是'를 생략할 수 있으나, 부정형 '不是'는 생략하지 않습니다.

 有 단어의 한국어 발음 표기 기준상 "유"로 적는 것이 맞으나, 중국어 실제 발음과 차이가 커서, 본 교재에서는 "요우"로 표기합니다.

118

🎧 09_b.mp3

A 니 더 셩르 스 지 웨 지 하오?

你的生日是几月几号?

Nǐ de shēngrì shì jǐ yuè jǐ hào?

B 얼 웨 스 쓰 하오,　　스 칭런제.　　니 너?

二月十四号，是情人节。你呢?

Èr yuè shí sì hào, shì Qíngrénjié. Nǐ ne?

A 진텐 스 워 더 셩르.

今天是我的生日。

Jīntiān shì wǒ de shēngrì.

B 스 마?　주 니 셩르 콰이러!

是吗? 祝你生日快乐!

Shì ma? Zhù nǐ shēngrì kuàilè!

A 셰셰.

谢谢。

Xièxie.

A 당신 생일은 몇 월 며칠이에요?

B 2월 14일, 발렌타인데이예요. 당신은요?

A 전 오늘이 생일이에요.

B 그래요? 생일 축하해요!

A 고마워요.

🔁 회화 더하기

내일 몇 월 며칠이지요?

明天(是)几月几号?

Míngtiān (shì) jǐ yuè jǐ hào?

내일은 12월 25일, 크리스마스예요.

明天(是)十二月二十五号，是圣诞节。

Míngtiān (shì) shí èr yuè èr shí wǔ hào, shì Shèngdànjié.

원어민처럼 소리 내기

01 원어민처럼 소리 내기

09_c.mp3

결합운모(1)

한국어의 모음 같은 역할을 하는 운모는 한국어의 발음과 어떠한 차이를 가지며 소리를 내는지 성모와 합쳐져서는 어떻게 발음하는지 알아야 합니다.

ia	한국어의 '이아'처럼 소리 냅니다.

ie	한국어의 '이에'처럼 소리 냅니다.

iao	한국어의 '이아오'처럼 소리 냅니다.

iou(iu)	한국어의 '이(오)우'처럼 소리 냅니다.

ian	한국어의 '이엔'처럼 소리 냅니다.

in	한국어의 '인'처럼 소리 냅니다.

iang	한국어의 '이앙'처럼 소리 냅니다.

ing	한국어의 '잉'처럼 소리 냅니다.

iong	한국어의 '이옹'처럼 소리 냅니다.

Notes i로 시작하는 운모 앞에 성모가 없는 경우에는 i를 y로 바꾸어서 표기합니다. 따라서 y라는 성모가 존재하지 않는데도 y로 시작하는 발음들을 볼 수 있습니다.

ia	ie	iao	iou(iu)*	ian	in	iang	ing	iong
ya	ye	yao	you	yan	yin**	yang	ying**	yong

* iou는 성모와 결합 시에 '성모+iu' 형태로 표기합니다.

➕ 예시   diu (d+iou), jiu(j+iou), niu(n+iou)

** in과 ing는 i를 y로 바꾸지 않고 i 앞에 y를 붙여 표기합니다. 즉, yin과 ying 형태입니다.

왕기초 어법

| 요일 표현 '星期 + 숫자'

요일을 뜻하는 명사 星期 xīngqī 뒤에 숫자 一(1)부터 六(6)까지 차례대로 붙여서 월요일부터 토요일까지 표현합니다. 단, 일요일은 星期七이 아닌 星期天 xīngqītiān 또는 星期日 xīngqīrì 라고 하는 것에 주의해야 합니다.

요일을 표현하는 또 다른 표현(방식)으로는 '周' zhōu 와 '礼拜' lǐbài가 있습니다. 星期와 마찬가지로 '周+숫자', '礼拜+숫자'의 형태로 월요일~토요일을 표현하되, 일요일은 周日 , 礼拜天(礼拜日)이라고 합니다.

월요일	화요일	수요일	목요일	금요일	토요일	일요일
星期一 xīngqīyī	星期二 xīngqīèr	星期三 xīngqīsān	星期四 xīngqīsì	星期五 xīngqīwǔ	星期六 xīngqīliù	星期天 xīngqītiān 星期日 xīngqīrì
周一 zhōuyī	周二 zhōuèr	周三 zhōusān	周四 zhōusì	周五 zhōuwǔ	周六 zhōuliù	周日 zhōurì
礼拜一 lǐbàiyī	礼拜二 lǐbàièr	礼拜三 lǐbàisān	礼拜四 lǐbàisì	礼拜五 lǐbàiwǔ	礼拜六 lǐbàiliù	礼拜天 lǐbàitiān 礼拜日 lǐbàirì

 周天은 쓰지 않는 표현입니다.

| 날짜 표현 '숫자+月+숫자+号'

중국어의 날짜 표현은 우리말과 그 형태가 동일합니다. 월을 뜻하는 명사 月 yuè 와 일을 뜻하는 명사 号 hào 앞에 숫자를 넣어서 '○月 ○号(○월 ○일)' 형태로 표현합니다. 号 대신 日 rì 를 쓸 수 있는데, 号는 주로 대화에서 많이 쓰고 日는 주로 서면어로 사용된답니다.

 연도 표현도 우리말과 같습니다. 다만, 연도를 말할 때는 우리처럼 읽지 않고 숫자를 하나씩 말합니다.

1995년	2000년	2022년
一九九五年 yī jiǔ jiǔ wǔ nián	二零零零年 èr líng líng líng nián	二零二二年 èr líng èr èr nián

	1월	2월	3월	4월	5월	6월
월	一月 yī yuè	二月 èr yuè	三月 sān yuè	四月 sì yuè	五月 wǔ yuè	六月 liù yuè
	7월	8월	9월	10월	11월	12월
	七月 qī yuè	八月 bā yuè	九月 jiǔ yuè	十月 shí yuè	十一月 shí yī yuè	十二月 shí èr yuè
	1일	2일	3일	4일	5일	6일
일	一号(日) yī hào(rì)	二号(日) èr hào(rì)	三号(日) sān hào(rì)	四号(日) sì hào(rì)	五号(日) wǔ hào(rì)	六号(日) liù hào(rì)
	10일	13일	17일	20일	25일	30일
	十号(日) shí hào(rì)	十三号(日) shí sān hào (rì)	十七号(日) shí qī hào(rì)	二十号(日) èr shí hào(rì)	二十五号(日) èr shí wǔ hào (rì)	三十号(日) sān shí hào(rì)

구조조사 '的'

구조조사 的 de는 인칭대명사나 명사 뒤에서 소유나 소속관계를 나타냅니다.

'~의'라는 뜻으로 '인칭대명사/명사+的+명사'의 형태로 쓰입니다.

나의 생일(내 생일)	我的生日 wǒ de shēngrì	그의 책	他的书 tā de shū
나의 친구(내 친구)	我的朋友 wǒ de péngyou	선생님의 손목시계	老师的手表 lǎoshī de shǒubiǎo

➕ 단어   手表 shǒubiǎo [명] 손목시계

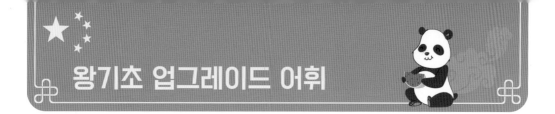
我的朋友 VS 我的书

我的朋友	我的书
wǒ de péngyou	wǒ de shū
내 친구	내 책

我的朋友와 我的书에 쓰인 구조조사 的는 둘 다 '~의'라는 뜻으로 '인칭대명사+的+명사'의 형태로 쓰였습니다.

하지만, 我的朋友에서 的는 없어도 되기 때문에 생략 가능한 반면, 我的书에서 的는 반드시 있어야 합니다. 즉, 我的朋友는 的를 생략해서 我朋友라고 쓸 수 있지만, 我的书는 我书라고 쓸 수 없습니다.

그는 내 친구다.	그것은 내 책이다
他是我的朋友。(O)	那是我的书。(O)
Tā shì wǒ de péngyou.	Nà shì wǒ de shū.
他是我朋友。(O)	那是我书。(X)

我的朋友처럼 사람과 사람의 관계를 나타낼 때 쓰인 的는 생략이 가능하지만, 소유 관계인 경우에는 的를 생략할 수 없습니다.

일반적으로 인칭대명사 我, 你, 他, 她 뒤에 朋友, 爸爸, 妈妈, 姐姐, 弟弟 등과 같은 사람 명사가 오면 중간의 的는 생략할 수 있습니다.

⊕ 예문

우리 아버지는 중국에서 일하신다.

(나-아버지, 인간관계)

我爸爸在中国工作。

Wǒ bàba zài zhōngguó gōngzuò.

이것은 내 사전이다. (나-사전, 소유관계)

这是我的词典。

Zhè shì wǒ de cídiǎn.

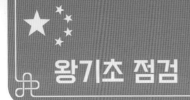

왕기초 점검

01 왕기초 연습해보기

🎧 09_d.mp3

▌(한어병음 듣고) 단어 받아쓰기

01 한어 병음 :
중국어   :

02 한어 병음 :
중국어   :

03 한어 병음 :
중국어   :

04 한어 병음 :
중국어   :

▌(한어병음 듣고) 문장 받아쓰기

01 한어 병음 : Jīntiān shì _____?
중국어   : 今天是 _____?

02 한어 병음 : Jīntiān shì _____, liù yuè èr shí jiǔ hào.
중국어   : 今天是 _____, 六月二十九号。

03 한어 병음 : Nǐ de shēngrì shì _____?
중국어   : 你的生日是 _____?

04 한어 병음 : _____, shì Qíngrénjié.
중국어   : _____, 是情人节。

02 왕기초 한자 기억 톡톡!

중국 한자 vs 중화 문화권 한자

간체 星期	星期			
번체 星期	星期			

간체 月	月			
번체 月	月			

간체 号	号			
번체 號	號			

간체 怎么	怎么			
번체 怎麼	怎麼			

간체 知道	知道			
번체 知道	知道			

간체 汉语	汉语			
번체 漢語	漢語			

간체 情人节	情人节			
번체 情人節	情人節			

간체 快乐	快乐			
번체 快樂	快樂			

03 한국어 이것만(이라도) 기억하자! #입에쏙쏙

🎧 09_e.mp3

01 오늘은 무슨 요일입니까?

今天星期几?

Jīntiān xīngqī jǐ?

02 오늘은 화요일입니다.

今天星期二。

Jīntiān xīngqīèr.

03 당신 생일은 몇 월 며칠입니까?

你的生日是几月几号?

Nǐ de shēngrì shì jǐ yuè jǐ hào?

04 내 생일은 2월 14일입니다.

我的生日是二月十四号 。

Wǒ de shēngrì shì èr yuè shí sì hào.

05 생일 축하합니다!

祝你生日快乐!

Zhù nǐ shēngrì kuàilè!

126

04 표현 PLUS
– 과거/현재/미래 특정 때 나타내는 표현

중국어의 년, 월, 일의 명칭은 우리의 한자 표현과 같거나 유사한 것도 있지만, 기본적으로 상당한 차이가 있습니다. 특히, 주(week)와 월(달)의 표현에서 과거 '지난'의 경우는 '上(个)'를, 현재 '이번'의 경우는 '这(个)'를, 미래 '다음'의 경우는 '下(个)'를 각각 앞에 쓸 수 있습니다.

과거		현재	미래	
前天 qiántiān 그제	昨天 zuótiān 어제	今天 jīntiān 오늘	明天 míngtiān 내일	后天 hòutiān 모레
上上(个)星期 shàngshàng(gè) xīngqī 上上周 shàngshàngzhōu 지지난 주	上(个)星期 shàng(ge) xīngqī 上周 shàngzhōu 지난주	这(个)星期 zhè(ge) xīngqī 这周 zhèzhōu 이번 주	下(个)星期 xià(ge) xīngqī 下周 xiàzhōu 다음 주	下下(个)星期 xiàxià(gè) xīngqī 下下周 xiàxiàzhōu 다다음 주
上上(个)月 shàngshàng(gè) yuè 지지난 달	上(个)月 shàng(ge) yuè 지난 달	这(个)月 zhè(ge) yuè 이번 달	下(个)月 xià(ge) yuè 다음 달	下下(个)月 xiàxià(gè) yuè 다다음 달
前年 qiánnián 재작년	去年 qùnián 작년	今年 jīnnián 올해	明年 míngnián 내년	后年 hòunián 내후년

> 주(week)를 표현하는 星期는 周로 바꿔 쓸 수 있습니다.

물건 사기

내가 과연 중국어로 물건을 살 수 있을까?
차이나타운(中国城, Zhōngguóchéng)에 가면
중국 과자(饼干, bǐnggān)도 살 수 있다는데,
열심히 중국어 공부해서 직접 가서 말해봐야지!!

학습 자료

단어

多少 duōshao [대] 얼마, 몇

钱 qián [명] 돈, 화폐

块 kuài [양] 중국 화폐 단위

贵 guì [형] 비싸다

便宜 piányi [형] 저렴하다, 싸다

(一)点儿 (yì)diǎnr 조금, 약간

减价 jiǎnjià [동] 값을 내리다

给 gěi [동] 주다, [개] ~에게

牛肉 niúròu [명] 소고기

卖 mài [동] 팔다

斤 jīn [양] 근

还 hái [부] 더, 또

要 yào [동] 원하다

别的 biéde [명] 다른 것

一共 yígòng [부] 모두, 전부

◆ 플러스 단어

韩币 Hánbì 한국 화폐   人民币 Rénmínbì 중국 화폐

港币 Gǎngbì 홍콩 화폐   台币 Táibì 대만 화폐

美元 Měiyuán 미국 화폐   英镑 Yīngbàng 영국 화폐

왕기초 회화 1

🎧 10_a.mp3

A 저거 뒤샤오 첸?

这个多少钱?

Zhège duōshao qián?

B 스 류 콰이.

十六块。

Shí liù kuài.

A 타이 구이 러. 펜이 뎬 바.

太贵了! 便宜点儿吧。

Tài guì le! Piányi diǎnr ba.

B 부싱, 이징 젠쟈 러.

不行，已经减价了。

Bùxíng, yǐjing jiǎnjià le.

A 하오더, 게이 워 이거 바.

好的，给我一个吧。

Hǎo de, gěi wǒ yíge ba.

A 이건 얼마예요?
B 16위안입니다.
A 너무 비싸네요! 조금만 저렴히 해주세요.
B 안 돼요. 이미 할인된 가격입니다.
A 알겠습니다, 한 개 주세요

💬 회화 더하기

몇 퍼센트 할인되나요?

打几折?

Dǎ jǐ zhé?

30퍼센트 할인됩니다.

打七折。

Dǎ qī zhé.

> **Notes** 할인율을 표기할 때는 한자 七(7)을 사용하지만, 중국어에서는 70퍼센트가 할인 됐다가 아니라 정가에서 70퍼센트의 금액을 받는다는 개념으로 나타내기 때문에 30퍼센트가 할인됐다는 내용으로 잘 기억해야 합니다.

A 뉴러우 쩐머 마이?
牛肉怎么卖?
Niúròu zěnme mài?

B 우 콰이 이 진.
五块一斤。
Wǔ kuài yì jīn

A 워 야오 량 진.
我要两斤。
Wǒ yào liǎng jīn.

B 하이 야오 볘더 마?
还要别的吗?
Hái yào biéde ma?

A 야오 저거 바.　　이궁 둬사오 쳰?
要这个吧。　一共多少钱?
Yào zhège ba.　　Yígòng duōshao qián?

B 이궁 얼 스 콰이.
一共二十块。
Yígòng èr shí kuài.

A 소고기는 얼마인가요?
B 한 근에 5위안입니다.
A 저는 두 근이 필요합니다.
B 더 필요한 게 있으신가요?
A 이것도 주세요. 모두 얼마인가요?
B 모두 20위안입니다.

🔵 회화 더하기

1플러스 1입니다.
买一送一。
Mǎi yī sòng yī.

이것은 사은품입니다.
这是赠品。
Zhè shì zèngpǐn.

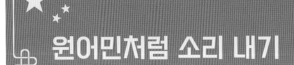

원어민처럼 소리 내기

결합운모(2)
🎧 10_c.mp3

한국어의 모음 같은 역할을 하는 운모는 한국어의 발음과 어떠한 차이를 가지며 소리를 내는지 성모와 합쳐져서는 어떻게 발음하는지 알아야 합니다.

üe	입술을 동그랗게 모으고 한국어의 '위에'처럼 소리 냅니다.

üan	입술을 동그랗게 모으고 한국어의 '위앤'처럼 소리 냅니다.

ün	입술을 동그랗게 모으고 한국어의 '윈'처럼 소리 냅니다.

üe	üan	ün
yue	yuan	yun

 Notes · ü으로 시작하는 운모 앞에 성모가 없는 경우에는 ü 앞에 y를 붙여 표기합니다. 따라서 y라는 성모가 존재하지 않는데도 y로 시작하는 발음들을 볼 수 있습니다.

Notes · ü 발음은 j/q/x와 합쳐지면 ü의 점 발음 표기방법이 없어지고, u로 바뀌어서 표기됩니다.

juē	jué	juě	juè
quān	quán	quǎn	quàn
xūn	xún	xǔn	xùn

多少 의문문

'多少'는 10이상의 큰 수를 물을 때 사용하며, '几'는 주로 10보다 작은 수를 물을 때 사용합니다.
'多少'는 '几'와 달리 양사가 없어도 사용이 가능합니다.

* 几 의문문 p83 참고

⊕ 예문

Ⓐ 이 옷은 얼마입니까?

这件衣服多少钱？

Zhè jiàn yīfu duōshao qián?

Ⓑ 천 위안입니다.

一千块。

Yì qiān kuài.

Ⓐ 딸기 한 근에 얼마입니까?

草莓一斤多少钱?

Cǎoméi yì jīn duōshao qián?

Ⓑ 8.3위안입니다.

八块三。

Bā kuài sān.

▌ 인민폐

중국 화폐는 인민폐(人民币, Rénmínbì)입니다.

화폐 단위는 '元、角、分', 구어체에서는 '块、毛、分'을 주로 사용합니다.

서면어	元	角	分
구어체	块	毛	分

20. 5 3
↑ ↑ ↑
块 毛分

금액 읽는 방법

① 0.08 元 → 八分 bā fēn

② 2.38 元 → 两块三毛八(分) liǎng kuài sān máo bā fēn

③ 7.50 元 → 七块五(毛) qī kuài wǔ máo

④ 15.80 元 → 十五块八(毛) shí wǔ kuài bā máo

⑤ 2000 元 → 两千块 liǎng qiān kuài

有点儿 VS 一点儿

有点儿	一点儿
조금	조금, 약간

"有点儿"와 "一点儿"은 모두 "조금, 약간"이라는 뜻을 가지고 있지만, 사용하는 경우는 다릅니다.

有点儿 + 형용사	형용사/동사 + 一点儿
조금 ~ 하다 (주로 부정적 상황)	조금 ~ 하다 (비교)

대표적인 예로, "이 옷이 조금 비싸요. 조금 깎아주세요."라고 말하고 싶다면 두 가지의 표현을 이렇게 사용합니다.

➕ 예문

이 옷은 조금 비싸요, 좀 깎아주세요.
这件衣服有点儿贵，便宜(一)点儿吧。
Zhèjiàn yīfu yǒudiǎnr guì, piányi (yì)diǎnr ba.

오늘 시험은 조금 어려웠어요.
今天的考试有点儿难。
Jīntiān de kǎoshì yǒudiǎnr nán.

물 조금만 주세요.
请给我一点儿水。
Qǐng gěi wǒ yìdiǎnr shuǐ.

한국어로는 비슷한 해석이지만, 한국과 중국어에서의 쓰임은 다르기 때문에 문장을 통해 상황을 기억해서 적재적소에 사용하는 것이 중요합니다.

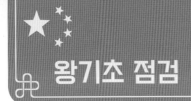

왕기초 점검

01 왕기초 연습해보기

🎧 10_d.mp3

▌(한어병음 듣고) 단어 받아쓰기

01
한어 병음 :
중국어　　 :

02
한어 병음 :
중국어　　 :

03
한어 병음 :
중국어　　 :

04
한어 병음 :
중국어　　 :

▌(한어병음 듣고) 문장 받아쓰기

01
한어 병음 : Zhège ＿＿＿＿＿＿＿＿ ?
중국어　　 : 这个 ＿＿＿＿＿＿＿＿＿＿ ?

02
한어 병음 : ＿＿＿＿＿＿ kuài.
중국어　　 : ＿＿＿＿＿＿＿ 块 。

03
한어 병음 : Niúròu ＿＿＿＿＿＿ ?
중국어　　 : 牛肉 ＿＿＿＿＿＿＿ ?

04
한어 병음 : Yào ＿＿＿＿＿＿ .
중국어　　 : 要 ＿＿＿＿＿＿＿ 。

02 왕기초 한자 기억 톡톡!

▌중국 한자 vs 중화 문화권 한자

간체 这	这				
번체 這	這				

간체 多少	多少				
번체 多少	多少				

간체 钱	钱				
번체 錢	錢				

간체 块	块				
번체 塊	塊				

간체 贵	贵				
번체 貴	貴				

간체 价	价				
번체 價	價				

간체 卖	卖				
번체 賣	賣				

간체 斤	斤				
번체 斤	斤				

01 이것은 얼마입니까?

这个多少钱?

Zhège duōshao qián?

02 조금만 저렴하게 해주세요.

便宜一点儿吧。

Piányi yìdiǎnr ba.

03 하나만 주세요.

给我一个吧。

Gěi wǒ yíge ba.

04 더 필요한 게 있으세요?

还要别的吗?

Hái yào biéde ma?

05 모두 20위안입니다.

一共二十块。

Yígòng èr shí kuài.

04 표현 PLUS
- 중국인의 숫자 사랑 : 8 and 6

중국 사람들은 유난히 숫자 8을 좋아합니다. 베이징 올림픽과 관련된 유명한 일화가 있는데요. 바로 개막식을 2008년 8월 8일 8시 8분 8초에 시작했다는 사실입니다. 왜 이렇게 중국 사람들은 숫자 8에 의미를 부여하고 사랑하는 걸까요?! 그 답은 바로 숫자 8 중국어 발음에 있답니다.

중국어로 "돈을 벌다, 부자가 되다"라는 단어 "发财, fācái"의 발음이 숫자 8의 "八, bā" 발음과 비슷해서 숫자 8이 재물이 들어온다고 믿기 때문입니다. 그래서 대부분의 중국사람들은 숫자 8을 맹신하고, 8이 여러 개 들어가 있는 자동차 번호판이나 휴대폰 번호들을 굉장히 고가(高价)에 구입할 만큼 숫자 8에 대한 애정이 대단합니다.

숫자 8 말고도 숫자 6 역시 좋아하는데요. 숫자 6은 "만사가 순조롭다"라는 "流流大顺, liúliú dàshùn" 단어의 발음이 숫자 6 "六, liù" 발음과 같아서 모든 일이 막힘없이 순조롭게 잘 진행된다고 믿기 때문입니다.

⊕ 플러스 단어

发财 fācái	돈을 벌다, 부자가 되다
八 bā	8
流流大顺 liúliú dàshùn	만사가 순조롭다
六 liù	6

여보세요?

언어가 다르면 너무 부담스러운 외국어(外语, wàiyǔ)로 전화통화 하기!
입모양도 안 보이고 목소리도 잘 안 들리는 것 같고…
그렇다고 안 할 순 없겠지?!
전화에서 자주 쓰이는 표현들은 중국어로 어떻게 말하면 될까?
'여보세요~(喂, wéi)', 'OO 있어요?'를 중국어로는?!

학습 자료

단어

喂 wéi [감] 여보세요

在 zài [동] (~에) 있다 [개] ~에서 [부] ~하고 있는 중이다

什么时候 shénme shíhou [대] 언제

回来 huílái [동] 돌아오다

回 huí [동] 회답하다

电话 diànhuà [명] 전화

找 zhǎo [동] 찾다

请 qǐng [동] 청하다 (상대방에게 어떤 일을 부탁하거나 권할 때 사용)

稍 shāo [부] 잠시, 잠깐

等 děng [동] 기다리다

一下 yíxià [명] 잠시, 잠깐

正在 zhèngzài [부] ~하고 있는 중이다

开会 kāihuì [동] 회의를 하다

能 néng [동] ~할 수 있다

接 jiē [동] (전화를) 받다

留言 liúyán [동] 말을 남기다, [명] 메모

手机 shǒujī [명] 휴대폰

号码 hàomǎ [명] 번호

◆ 플러스 단어

打电话 dǎ diànhuà 전화를 걸다

接电话 jiē diànhuà 전화를 받다

挂电话 guà diànhuà 전화를 끊다

🎧 11_a.mp3

A 웨이, 안나 짜이 마?

喂，安娜在吗?

Wéi, Ānnà zài ma?

B 부 짜이.

不在。

Bú zài.

A 타 선머 스허우 후이라이?

她什么时候回来?

Tā shénme shíhou huílái?

B 완상 치 뎬 쭤요우.

晚上7点左右。

Wǎnshang qī diǎn zuǒyòu.

A 워 스 마리. 타 후이라이 이허우, 칭 타 게이 워 후이 거 뎬화.

我是玛丽。 她回来以后， 请她给我回个电话。

Wǒ shì Mǎlì. Tā huílái yǐhòu, qǐng tā gěi wǒ huí ge diànhuà.

A 여보세요, 안나 있어요?

B 없는데요.

A 그녀는 언제 오나요?

B 저녁 7시쯤이요.

A 저는 마리예요. 그녀가 돌아오면,
저에게 전화해 달라고 전해주세요.

💬 회화 더하기

저에게 전화하라고 전해주세요.

让他给我回个电话。

Ràng tā gěi wǒ huí ge diànhuà

네, 꼭 전해드릴게요.

好，我一定转告他。

Hǎo, wǒ yídìng zhuǎngào tā.

> **Notes** 전화를 걸고 받을 때, '여보세요'라는 의미로 喂 뒤에 你好를 습관적으로 붙여 말하기도 합니다.
> 중국 친구와 전화통화 할 때, 喂 또는 喂, 你好!라고 자연스럽게 말해보세요.

A 웨이, 니 자오 세이?
喂，你找谁?
Wéi, nǐ zhǎo shéi?

B 워 자오 진 셴성.
我找金先生。
Wǒ zhǎo Jīn xiānsheng.

A 칭 샤오 덩 이샤.
请稍等一下。
Qǐng shāo děng yíxià.

타 정짜이 카이후이, 셴짜이 부넝 제 뎬화. 니 야오 류옌 마?
他正在开会，现在不能接电话。你要留言吗?
Tā zhèngzài kāihuì, xiànzài bùnéng jiē diànhuà. Nǐ yào liúyán ma?

B 하오더. 워더 서우지 하오마 스 012-234-5678.
好的。我的手机号码是 012-234-5678。
Hǎode. Wǒ de shǒujī hàomǎ shì líng yāo èr èr sān sì wǔ liù qī bā.

A 여보세요, 누구 찾으십니까?
B 김 선생님 부탁드립니다.
A 잠시만 기다리세요.
   그는 회의 중이라, 지금 전화를 받을 수가 없습니다. 메시지 남기시겠어요?
B 네, 제 휴대폰 번호는 012-234-5678번 입니다.

🔹 회화 더하기

실례합니다, 지현 씨 있나요?
请问，智贤在吗?
Qǐngwèn, Zhìxián zài ma?

접니다, 누구신가요?
我就是，你是哪位?
Wǒ jiù shì, nǐ shì nǎ wèi?

 전화번호를 말할 때는 상대방에게 1(yī)를 확실히 전달하기 위해 yāo라고 발음합니다.

 位는 양사로서 '어느 분'이라는 높임의 뜻이 됩니다.

원어민처럼 소리 내기

결합운모(3)

🎧 11_c.mp3

한국어의 모음 같은 역할을 하는 운모는 한국어의 발음과 어떠한 차이를 가지며 소리를 내는지 성모와 합쳐져서는 어떻게 발음하는지 알아야 합니다.

ua	a에 강세를 두어 한국어의 '와'처럼 소리 냅니다.
uo	o 에 강세를 두어 한국어의 '워'처럼 소리 냅니다.
uai	a에 강세를 두어 한국어의 '와이'처럼 소리 냅니다.
uei(ui)	e에 강세를 두어 한국어의 '웨이'처럼 소리 냅니다.
uan	a에 강세를 두어 한국어의 '완'처럼 소리 냅니다.
uen(un)	e에 강세를 두어 한국어의 '원'처럼 소리 냅니다.
uang	a에 강세를 두어 한국어의 '왕'처럼 소리 냅니다.
ueng	e에 강세를 두어 한국어의 '웡'처럼 소리 냅니다.

 u로 시작하는 운모 앞에 성모가 없는 경우에는 u을 w로 바꾸어서 표기합니다. 따라서 w라는 성모가 존재하지 않는데도 w로 시작하는 발음들을 볼 수 있습니다.

ua	uo	uai	uei(ui)*	uan	uen(un)*	uang	ueng
wa	wo	wai	wei	wan	wen	wang	weng

* uei가 성모와 결합하면 '성모+ui'형태로 표기합니다.

➕ 예시　dui(d+uei)

** uen이 성모와 결합하면 '성모+un' 형태로 표기합니다.

➕ 예시　dun(d+uen)

144

왕기초 어법

개사 '给'

개사 给는 '~에게'라는 뜻으로 동작이나 행위의 대상을 표시합니다. 给 뒤에는 동작, 행위의 대상을 나타내는 인칭대명사나 사람을 나타내는 명사가 올 수 있습니다.

주어 + 给 + 인칭대명사/사람 + 동사

개사 구조(给 + 인칭대명사/사람) 뒤에 동사가 오는 어순으로, 주어와 동사 사이에 놓이는 개사 구조의 위치에 주의하세요.

➕ 예문

그가 여자친구에게 전화를 합니다.
他给女朋友打电话。
Tā gěi nǚpéngyou dǎ diànhuà.

저는 엄마에게 옷을 사드리고 싶습니다.
我想给妈妈买衣服。
Wǒ xiǎng gěi māma mǎi yīfu.

제가 당신에게 소개를 좀 해드리겠습니다. 이 사람은 제 친구 지현입니다.
我给你介绍一下。这是我朋友智贤。
Wǒ gěi nǐ jièshào yíxià. Zhè shì wǒ péngyou Zhìxián.

➕ 단어   女朋友 nǚpéngyou [명] 여자친구   │   想 xiǎng [조동] ~하고 싶다   │   介绍 jièshào [동] 소개하다

▍부탁, 요청의 표현 '请'

请은 '~해달라고 부탁하다, 요청하다'라는 뜻으로, 다른 사람에게 어떤 행위나 동작을 정중히 부탁하거나 요청할 때 사용합니다. 请 다음에는 부탁, 요청을 받는 사람과 구체적인 행위가 이어집니다.

⊕ 예문

모두들 조용히 좀 해주세요.
请大家安静一点儿。
Qǐng dàjiā ānjìng yìdiǎnr.

그를 잠깐 오도록 해주세요.
请他来一下。
Qǐng tā lái yíxià.

간단히 请 뒤에 부탁하거나 권하는 행위를 뜻하는 동사를 붙여 '~하세요, ~해주세요'라는 의미로 쓸 수 있습니다.

앉으세요.	들어오세요.	잠시 기다려주세요.
请坐。	请进。	请稍等。
Qǐng zuò.	Qǐng jìn.	Qǐng shāo děng.
말씀 좀 여쭙겠습니다.	말씀하세요.	차 드세요.
请问。	请讲。	请喝茶。
Qǐng wèn.	Qǐng jiǎng.	Qǐng hē chá.

⊕ 단어 安静 ānjìng [형] 조용하다 ┃ 来 lái [동] 오다 ┃ 坐 zuò [동] 앉다 ┃ 进 jìn [동] 들어오다 ┃

问 wèn [동] 묻다, 질문하다 ┃ 讲 jiǎng [동] 이야기하다, 말하다

왕기초 업그레이드 어휘

在 VS 有

在 zài	有 yǒu
(동) 있다	(동) 있다

在와 有는 모두 '있다'라는 뜻으로 어떤 장소에 무엇인가 존재한다는 의미를 나타내지만, 그 쓰임은 조금 다릅니다. '특정'한 사람이나 사물이 어디에 있는지를 알려주고자 할 때는 在를, '불특정'한 사람이나 사물 즉, 무엇이 있는지를 알려주고자 할 때는 有를 사용합니다. 하지만 한국어 해석이 동일하게 '있다'가 되어서 어색한 중국어 문장을 사용하는 경우가 많으니 중국어 문장으로 기억해 주세요!

> 사람이나 사물 + 在 + 장소
> 장소 + 有 + 사람이나 사물

➕ 예문

Ⓐ 내 책이 어디에 있나요?
我的书在哪儿？
Wǒ de shū zài nǎr?

Ⓑ 책은 책상 위에 있어요.
书在桌子上。
Shū zài zhuōzi shang.

Ⓐ 책상 위에 뭐가 있어요?
桌子上有什么？
Zhuōzi shang yǒu shénme?

Ⓑ 책상 위에 책이 있어요.
桌子上有一本书。
Zhuōzi shang yǒu yì běn shū.

즉, 书在桌子上의 书는 특정한 '나의 책'을 가리키는 반면, 桌子上有一本书의 书는 특정한 것이 아닌 일반적인 '책 한 권'을 가리킵니다. 만약 상대방이 어떤 책인지를 알고 있다면 在를 사용하여 그 책이 책상 위에 있음을 알려주는 것이고, 상대방이 책상 위에 무엇이 있는지 모른다면 有를 사용하여 책상 위에 무엇이 있는지를 알려주는 것입니다.

我的书在桌子上。(O)	桌子上有我的书。(X)
桌子上有一本书。(O)	一本书在桌子上。(X)

147

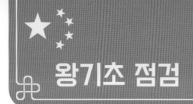 

왕기초 점검

01 왕기초 연습해보기

🎧 11_d.mp3

▌(한어병음 듣고) 단어 받아쓰기

01 한어 병음 :
중국어 :

02 한어 병음 :
중국어 :

03 한어 병음 :
중국어 :

04 한어 병음 :
중국어 :

▌(한어병음 듣고) 문장 받아쓰기

01 한어 병음 : _____, Ānnà _____?
중국어 : _____, 安娜 _____?

02 한어 병음 : Tā _____ huílái?
중국어 : 她 _____ 回来?

03 한어 병음 : Tā huílái yǐhòu, qǐng tā _____ .
중국어 : 她回来以后，请她 _____ 。

04 한어 병음 : Xiànzài bùnéng _____ . Nǐ yào _____?
중국어 : 现在不能 _____ 。 你要 _____?

02 왕기초 한자 기억 톡톡!

▎(중국 한자 vs 중화 문화권 한자)

간체 喂	喂				
번체 喂	喂				

간체 什么时候	什么时候				
번체 什麼時候	什麼時候				

간체 给	给				
번체 給	給				

간체 回	回				
번체 迴(回)	迴				

간체 请	请				
번체 請	請				

간체 开会	开会				
번체 開會	開會				

간체 手机	手机				
번체 手機	手機				

간체 号码	号码				
번체 號碼	號碼				

01 여보세요, 안나 있어요?

喂，安娜在吗?

Wéi, Ānnà zài ma?

02 저에게 전화해 달라고 전해주세요.

请她给我回个电话。

Qǐng tā gěi wǒ huí ge diànhuà.

03 잠시만 기다려주세요.

请稍等一下。

Qǐng shāo děng yíxià.

04 메시지를 남기시겠어요?

你要留言吗?

Nǐ yào liúyán ma?

05 제 전화번호는 012-234-5678번 입니다.

我的手机号码是012-234-5678。

Wǒ de shǒujī hàomǎ shì líng yāo èr èr sān sì wǔ liù qī bā.

04 표현 PLUS
– 전화 통화와 관련된 다양한 중국어 표현

전화를 잘못 걸었을 때, 전화를 끊을 때, 상대방 목소리가 잘 안 들릴 때…
다양한 전화 상황에 맞게 쓸 수 있는 중국어 표현에는 어떤 것들이 있을까?

전화를 잘못 걸었을 때
죄송합니다, 전화를 잘못 걸었습니다.
不好意思，我打错了。
Bùhǎoyìsì, wǒ dǎ cuò le.

전화번호가 123-4567번 아닌가요?
电话号码不是123-4567吗？
Diànhuà hàomǎ búshì yāo èr sān sì wǔ liù qī ma?

전화를 끊을 때
먼저 끊겠습니다.
我先挂了。
Wǒ xiān guà le.

말이 너무 빨라서 못 알아들었을 때
천천히 말씀해주세요.
请慢慢说。
Qǐng mànmàn shuō.

다시 말씀해주세요.
请再说一遍。
Qǐng zài shuō yíbiàn.

영화 보기

요즘 할리웃(好莱坞, Hǎoláiwū) 영화들이
많이 개봉(上映, shàngyìng)한다던데;;;
중국 영화는 미국 영화랑 많이 다를까?
중국어 공부도 열심히 하는데, 이제 중국 영화 보기에
도전(挑战, tiǎozhàn)해볼까?

학습 자료

단어

好莱坞 Hǎoláiwū [지명] 할리우드

电影 diànyǐng [명] 영화

肖战 Xiàozhàn [인명] 샤오잔 (초전, 중국의 남성 아이돌 멤버이자 배우)

所以 suǒyǐ [접] 그래서

受欢迎 shòu huānyíng 환영 받다, 인기가 있다

演员 yǎnyuán [명] 배우, 연기자

想 xiǎng [조동] ~하고 싶어하다, 바라다

言情片 yánqíngpiàn [명] 로맨스 영화

听说 tīngshuō [동] 듣자 하니, 들어보건대

有意思 yǒuyìsi 재미있다, 흥미 있다

推荐 tuījiàn [동] 추천하다

◆ 플러스 단어

导演 dǎoyǎn 감독

主角·主演 zhǔjué zhǔyǎn 주연

配角 pèijué 조연

替身演员 tìshēn yǎnyuán 스턴트맨

왕기초 회화

왕기초 회화 1

🎧 12_a.mp3

A 니 시환 칸 하오라이우 뎬잉 마?

你喜欢看好莱坞电影吗?

Nǐ xǐhuan kàn Hǎoláiwū diànyǐng ma?

B 워 부 타이 시환.   니 너?

我不太喜欢。你呢?

Wǒ bú tài xǐhuan.   Nǐ ne?

A 워 시환 샤오잔.   쒀이 시환 칸 중궈 뎬잉.

我喜欢肖战。所以喜欢看中国电影。

Wǒ xǐhuan Xiàozhàn.   Suǒyǐ xǐhuan kàn Zhōngguó diànyǐng.

B 타 스 세이?

他是谁?

Tā shì shéi?

A 타 스 짜이 중궈 헌 서우 환잉 더 옌위안.

他是在中国很受欢迎的演员。

Tā shì zài zhōngguó hěn shòu huānyíng de yǎnyuán.

A 당신은 할리우드 영화를 좋아하나요?

B 저는 그다지 좋아하지 않습니다. 당신은요?

A 저는 샤오잔을 좋아해요. 그래서 중국 영화 보는 것을 좋아해요.

B 그 사람이 누구예요?

A 그는 중국에서 매우 인기 있는 배우예요.

🔁 회화 더하기

그는/ 그녀는 인기가 매우 많습니다.

他/她很红。

Tā/Tā hěn hóng.

흥행 수입이 매우 많습니다.

票房挺高。

Piàofáng tǐng gāo.

154

A 니 샹 칸 선머 뎬잉?

你想看什么电影?

Nǐ xiǎng kàn shénme diànyǐng?

B 워 샹 칸 옌칭펜.

我想看言情片。

Wǒ xiǎng kàn yánqíngpiàn.

A 팅쉬 한궈 더 옌칭펜 헌 요우이쓰.

听说韩国的言情片很有意思。

Tīngshuō Hánguó de yánqíngpiàn hěn yǒuyìsi.

B 하오더.　셰셰 니 더 투이젠.

好的。谢谢你的推荐。

Hǎode.　Xièxie nǐ de tuījiàn.

A 당신은 무슨 영화가 보고 싶으세요?
B 저는 로맨스 영화가 보고 싶어요.
A 듣자 하니 한국 로맨스 영화가 재미있다고 하더라고요.
B 알겠습니다. 추천해줘서 고마워요.

🔁 회화 더하기

당신은 코미디 영화가 보고 싶나요?

你想看搞笑片吗?

Nǐ xiǎng kàn gǎoxiàopiàn ma?

여름이잖아요! 저는 공포영화가 보고 싶어요.

夏天嘛! 我想看恐怖片。

Xiàtiān ma! Wǒ xiǎng kàn kǒngbùpiàn.

원어민처럼 소리 내기

비운모 + 권설운모

🎧 12_c.mp3

한국어의 모음 같은 역할을 하는 운모는 한국어의 발음과 어떠한 차이를 가지며 소리를 내는지 성모 와 합쳐져서는 어떻게 발음하는지 알아야 합니다.

an	한국어의 '안'처럼 소리 냅니다.
en	한국어의 '으(언)'처럼 소리 냅니다.
ang	한국어의 '앙'처럼 소리 냅니다.
eng	한국어의 '엉'처럼 소리 냅니다.
ong	한국어의 '옹'처럼 소리 냅니다.
er	한국어의 '얼'처럼 소리 냅니다.

어려운 발음, 이것만 쏙쏙!

①	z / c / s + i	i 발음 "이" → "으" 변화
	zh / ch / sh / r + i	i 발음 "이" → "으" 변화

②	성모 + iou	성모 결합 시 "iou" → "iu" 변화
	성모 + uei	성모 결합 시 "uei" → "ui" 변화
	성모 + uen	성모 결합 시 "uen" → "un" 변화

③	ü / üe / üan / ün	단독 사용 시 표기 변화 → yu / yue / yuan / yun
	j / q / x+ ü / üe / üan / ün	표기 변화 →ju / que / xuan / jun

⊕ 예문

自己 zìjǐ		磁带 cídài		四十 sìshí	
知道 zhīdào	吃饭 chīfàn		实习 shíxí		日本 Rìběn
酒 jiǔ		贵 guì		蹲 dūn	
鱼 yú	约 yuē		元 yuán		云 yún
拒绝 jùjué	却 què		选择 xuǎnzé		平均 píngjūn

왕기초 어법

동사 '喜欢'

동사 '喜欢'은 뒤에 또 다른 동사를 가져올 수 있으며 "~하는 것을 좋아한다"라는 표현으로도 자주 사용합니다. 혼자 단독 사용도 가능하고, 뒤에 또 다른 동사를 가져올 수도 있는 중요한 표현입니다.

喜欢	좋아하다
喜欢 + 동사	~(동사) 하는 것을 좋아하다

* 爱도 가능하다.

⊕ 예문

나는 한국을 좋아합니다.
我喜欢韩国。
Wǒ xǐhuan Hánguó.

나는 한국 영화 보는 것을 좋아합니다.
我喜欢看韩国电影。
Wǒ xǐhuan kàn Hánguó diànyǐng.

조동사 '想'

'想'은 조동사로 "~하고 싶다, ~하려 하다"라는 바람, 의지 등의 심리적 욕구를 나타냅니다.
부정형은 조동사 '想' 앞에 不를 넣어서 만들어줍니다.

긍정	부정
想 + 동사	不 + 想 + 동사

⊕ 예문　(긍정) 나는 한국에 가고 싶습니다.
　　　　　　我想去韩国。
　　　　　　Wǒ xiǎng qù Hánguó.

　　　　　(부정) 나는 한국에 가고 싶지 않습니다.
　　　　　　我不想去韩国。
　　　　　　Wǒ bù xiǎng qù Hánguó.

cf) '想'은 동사로 그립다, 생각하다 등의 의미를 나타내기도 합니다.

⊕ 예문　　나는 집이 그립습니다.
　　　　　我想家。
　　　　　Wǒ xiǎng jiā.

157

▌听说

"듣자 하니 ~라고 한다"의 의미이며, 주로 문장 앞에 사용합니다.

⊕ 예문　듣자 하니, 패왕별희가 재미있대요.

听说《霸王别姬》很有意思。

Tīngshuō《Bàwángbiéjī》hěn yǒuyìsi.

듣자 하니 그들은 곧 결혼한대요.

听说他们俩快结婚了。

Tīngshuō tāmen liǎ kuài jiéhūn le.

⊕ 단어　霸王别姬 Bàwángbiéjī [고유] 패왕별희 ｜ 俩 liǎ 두 개, 두 사람 (=两个) ｜

快~了 kuài ~ le 곧~ 하다 ｜ 结婚 jiéhūn [동] 결혼하다

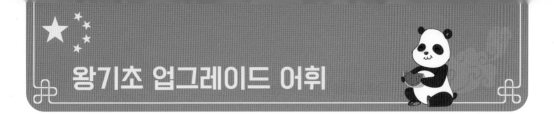

▌意思 VS 意思 VS 意思…

意思는 여러 가지 다양한 의미를 가지고 있어서 중국 사람들과 대화할 때 자주 사용됩니다. 하지만 한국 사람들은 한두 개의 뜻만 외우고 있어서 대화가 어색해지는 경우가 많으니 단순하게 단어의 한국어 뜻을 외우려고 하지 말고, 중국어 문장으로 기억해서 말할 수 있게 연습해 보세요.

意思 yìsi	뜻, 의미
	(선물에 담긴) 성의, 감사의 의미
	재미, 흥미
	기분

⊕ 예문

이 한자는 무슨 의미입니까?

这个汉字是什么意思？

Zhè ge Hànzì shì shénme yìsi?

사양하지 마세요, 제 조그만 성의일 뿐입니다.

别客气，这只是一点儿小意思。

Bié kèqi, zhè zhǐ shì yìdiǎnr xiǎo yìsi.

이 중국 영화는 매우 재미있습니다.

这部中国电影很有意思。

Zhè bù Zhōngguó diànyǐng hěn yǒuyìsi.

(가벼운 느낌의) 미안합니다. / 부끄럽다.

不好意思。

Bùhǎoyìsi.

왕기초 점검

01 왕기초 연습해보기

🎧 12_d.mp3

▌(한어병음 듣고) 단어 받아쓰기

01
한어 병음 :
중국어　　 :

02
한어 병음 :
중국어　　 :

03
한어 병음 :
중국어　　 :

04
한어 병음 :
중국어　　 :

▌(한어병음 듣고) 문장 받아쓰기

01
한어 병음 : Wǒ ＿＿＿＿＿＿＿＿ .
중국어　　 : 我 ＿＿＿＿＿＿＿＿＿ 。

02
한어 병음 : Tā ＿＿＿＿ zài Zhōngguó ＿＿＿＿＿＿＿＿＿＿＿ .
중국어　　 : 他 ＿＿＿＿ 在中国＿＿＿＿＿＿＿＿＿＿＿＿＿ 。

03
한어 병음 : ＿＿＿＿＿＿＿＿＿＿＿＿ .
중국어　　 : ＿＿＿＿＿＿＿＿＿＿＿＿ .

04
한어 병음 : Xièxie ＿＿＿＿＿＿＿＿＿ .
중국어　　 : 谢谢 ＿＿＿＿＿＿＿＿＿＿＿ 。

02 왕기초 한자 기억 톡톡!

중국 한자 vs 중화 문화권 한자

간체 电影	电影			
번체 電影	電影			

간체 肖战	肖战			
번체 肖戰	肖戰			

간체 所以	所以			
번체 所以	所以			

간체 欢迎	欢迎			
번체 歡迎	歡迎			

간체 演员	演员			
번체 演員	演員			

간체 想	想			
번체 想	想			

간체 言情片	言情片			
번체 言情片	言情片			

간체 客气	客气			
번체 客氣	客氣			

01   당신은 할리우드 영화를 좋아하나요?

你喜欢看好莱坞电影吗?

Nǐ xǐhuan kàn Hǎoláiwū diànyǐng ma?

02   그래서 중국 영화 보는 것을 좋아합니다.

所以喜欢看中国电影。

Suǒyǐ xǐhuan kàn Zhōngguó diànyǐng.

03   그는 중국에서 매우 인기 있는 배우예요.

他是在中国很受欢迎的演员。

Tā shì zài Zhōngguó hěn shòu huānyíng de yǎnyuán.

04   듣자 하니 한국 로맨스 영화가 재미있다고 하더라고요.

听说韩国的言情片很有意思。

Tīngshuō Hánguó de yánqíngpiàn hěn yǒuyìsi.

05   추천해줘서 고마워요.

谢谢你的推荐。

Xièxie nǐ de tuījiàn.

04 표현 PLUS
– 찰리우드가 위협한다, 세계 영화 시장을??!

찰리우드를 들어보셨나요? 찰리우드란 차이나(China)와 할리우드(Hollywood)의 합성어로, 세계 영화 시장의 막강 파워로 자리매김하고 있는 중국 영화 시장을 지칭할 때 사용하는 표현입니다.

몇 년 전 개봉한 미국 대작 영화에서 주인공이 로봇에게 공격을 받으면서도 어색하게 한 손에는 중국 브랜드가 적힌 우유를 쥐고 있어 영화를 본 관객들이 의아하게 여긴 일이 신문에 크게 보도된 적이 있습니다. 사실, 이 단편적인 현상만 보아도 중국 자본의 영향력이 다른 나라 영화에 어떤 영향을 끼치는지 알 수 있습니다.

사실, 중국 영화 시장은 현재 세계 1위의 미국 시장을 위협하며 양적 성장만이 아닌 중국 자국의 문화를 전파하는 질적 성장도 빠르게 해 나가고 있습니다. 중국에서 성공하면 다른 많은 국가에서 영화가 망하더라도 큰 금액을 벌어들일 수 있다는 현실적인 이유들로, 이제 많은 대작 영화들은 중국 사람들의 흥미를 맞추기 위해 노력하는 모습을 보이고 있습니다.

앞으로 이 매력적인 중국 시장을 누가 먼저, 어떻게 선점하느냐에 따라서 세계 영화 시장은 크게 달라질 수도 있습니다. 미국 주도의 영화 산업 시장이 동양의 할리우드 중국에 의해 어떻게 변화하는지 늘 관심을 가지고 우리나라도 발걸음을 맞춰 나가야 할 때입니다.

⊕ 플러스 단어

好莱坞电影 Hǎoláiwū diànyǐng	할리우드 영화
大片 dàpiàn	블록버스터(대작 영화)
大势 dàshì	대세

여행책은 어디 있어요?

얼마 전 중국인 유학생이 나에게 기숙사 위치를 물어보았다. 손짓발짓,
횡설수설… 휴…
'뒤쪽(后边, hòubian)'이라는 표현을 알았더라면 더 쉽게 알려줬을 텐데,
중국어로 '식당(食堂, shítáng) 뒤에 있어요'는 어떻게 말하는 거지?

학습 자료

단어

旅行书 lǚxíng shū [명] 여행책

桌子 zhuōzi [명] 책상, 탁자

旁边 pángbiān [명] 옆

小说 xiǎoshuō [명] 소설

畅销书 chàngxiāoshū [명] 베스트셀러

宿舍 sùshè [명] 기숙사

里 lǐ [명] 안, 속

离 lí [개] ~에서, ~로부터

远 yuǎn [형] 멀다

食堂 shítáng [명] 식당

后边 hòubian [명] 뒤, 뒤쪽

走 zǒu [동] 걷다

到 dào [동] 도착하다

◆ 플러스 단어

科幻小说 kēhuàn xiǎoshuō 공상과학소설

励志书 lìzhìshū 자기계발서

推理小说 tuīlǐ xiǎoshuō 추리소설

伟人传 wěirénzhuàn 위인전

杂志 zázhì 잡지

漫画书 mànhuàshū 만화책

왕기초 회화 1

🎧 13_a.mp3

A 뤼싱수 짜이 날?

旅行书在哪儿?

Lǚxíngshū zài nǎr?

B 짜이 줘쯔 상볜.

在桌子上边。

Zài zhuōzi shàngbian.

A 뤼싱수 팡볜 요우 샤오숴,　　저 스 세이 더?

旅行书旁边有小说，这是谁的?

Lǚxíngshū pángbiān yǒu xiǎoshuō, zhè shì shéi de?

B 나 스 워 더,　　　스 창샤오수.

那是我的，是畅销书。

Nà shì wǒ de,　　shì chàngxiāoshū.

A 여행책은 어디 있어요?

B 책상 위에 있어요.

A 여행책 옆에 소설책이 있네요, 이건 누구 거예요?

B 그거 제 거예요, 베스트셀러예요.

🔷 회화 더하기

상자 속에 무엇이 있나요?

箱子里边有什么?

Xiāngzi lǐbian yǒu shénme?

상자 속에 지갑과 노트북이 있어요.

箱子里边有钱包和笔记本电脑。

Xiāngzi lǐbian yǒu qiánbāo hé bǐjìběn diànnǎo.

🎧 13_b.mp3

A 마리 짜이 날?

玛丽在哪儿?

Mǎlì zài nǎr?

B 타 짜이 쑤서 리.

她在宿舍里。

Tā zài sùshè li.

A 쑤서 짜이 날?　　　리 절 위안 부 위안?

宿舍在哪儿? 离这儿远不远?

Sùshè zài nǎr?　　　Lí zhèr yuǎn bu yuǎn?

B 부위안, 　　　쑤서 짜이 스탕 허우볜.

不远, 宿舍在食堂后边。

Bùyuǎn, 　　　sùshè zài shítáng hòubian.

　　　찌우 우 펀중 주 다오 러.

走5分钟就到了。

Zǒu wǔ fēnzhōng jiù dào le.

A 마리는 어디에 있어요?
B 그녀는 기숙사에 있어요.
A 기숙사가 어디예요? 여기서 먼가요?
B 멀지 않아요, 기숙사는 식당 뒤에 있어요. 걸어서 5분이면 가요.

회화 더하기

말씀 좀 묻겠습니다. 은행이 어디에 있습니까?

请问, 银行在哪儿?

Qǐng wèn, yínháng zài nǎr?

저기 있습니다.

在那儿。

Zài nàr.

쭉 가시면 바로 은행이 있습니다.

你一直走, 就是银行。

Nǐ yìzhí zǒu, jiùshì yínháng.

Notes 离这儿远不远? 은 의문조사 吗를 사용하여 离这儿远吗? 라고 표현할 수도 있습니다.

원어민처럼 소리 내기

▎발음연습

🎧 13_c.mp3

성모와 운모에 주의하여 발음을 연습해보세요.

bo	po	mo	fo
de	te	ne	le
ge	ke	he	

ji	qi	xi
jiu	qiu	xiu
jian	qian	xian

ju	qu	xu	lü	nü
jue	que	xue	lüe	nüe
juan	quan	xuan	shenglüe	nüedai

zhi	chi	shi	ri
zhidao	chifan	shifen	riji

zi	ci	si
yizi	cidian	sishi

yu	yue	yuan	yun
hanyu	yueliang	henyuan	huaiyun

▎중국어 잰말놀이

'잰말놀이'란, 빨리 발음하기 어려운 문장을 빠르게 말하는 놀이로, 중국어로는 라오커우링(绕口令 ràokǒulìng)이라고 합니다. 중국어 잰말놀이를 하며 재미있게 발음을 익혀보세요!

妈妈骑马，马慢，妈妈骂马。
Māma qí mǎ, mǎ màn, māma mà mǎ.

엄마가 말을 타는데, 말이 느려서, 엄마가 말을 혼낸다.

四是四，十是十，十四是十四，四十是四十。
Sì shì sì, shí shì shí, shísì shì shísì, sìshí shì sìshí.

4는 4이고 10은 10이다, 14는 14이고, 40은 40이다.

왕기초 어법

방향과 위치를 나타내는 '방위사'

방위사는 방향과 위치를 나타내는 명사로서, 단순방위사와 복합방위사로 구분할 수 있습니다.
위치를 나타내는 방위사인 上(위), 下(아래), 里(안), 外(밖), 前(앞), 后(뒤), 旁(옆), 中(가운데), 间(사이), 内(안)과
방향을 나타내는 방위사인 东(동), 西(서), 南(남), 北(북), 左(좌), 右(우) 등을 단순방위사라고 합니다.
이러한 단순방위사 뒤에 边(~쪽), 面(~방면) 등을 붙이거나 단순방위사끼리 조합하면 복합방위사가 됩니다.

개사 '离'

개사 离는 '~에서, ~로부터'의 뜻으로 두 장소 사이의 거리를 나타낼 때 쓰입니다. 어느 장소를 기준으로 거리가 멀다, 가깝다, 또는 거리가 얼마나 된다 등을 표현할 때 离를 써서 말할 수 있습니다.

⊕ 예문

우체국은 우리 집에서 가깝습니다.
邮局离我家很近。
Yóujú lí wǒ jiā hěn jìn.

병원은 우리 집에서 1km 정도 됩니다.
医院离我家有1公里左右。
Yīyuàn lí wǒ jiā yǒu yī gōnglǐ zuǒyòu.

⊕ 단어   近 *jìn* [형] 가깝다 | 公里 *gōnglǐ* [양] 킬로미터(km)

정반의문문

술어인 동사나 형용사의 긍정형과 부정형을 함께 나열하면 정반의문문이 됩니다.
"동사 不 동사" 또는 "형용사 不 형용사" 형식으로, 문장 끝에 의문조사 吗는 사용할 수 없습니다.

> **Notes** 정반의문문에서 不는 가볍게 경성으로 읽습니다.

⊕ 예문

마트가 여기서 먼가요?
超市离这儿远不远？ （＝超市离这儿远吗?）
Chāoshì lí zhèr yuǎn bu yuǎn? (Chāoshì lí zhèr yuǎn ma?)

내일 당신은 올 건가요?
明天你来不来？ （＝明天你来吗?）
Míngtiān nǐ lái bu lái? (Míngtiān nǐ lái ma?)

이 옷은 비싼가요?
这件衣服贵不贵？ （＝这件衣服贵吗?）
Zhè jiàn yīfu guì bu guì? (Zhè jiàn yīfu guì ma?)

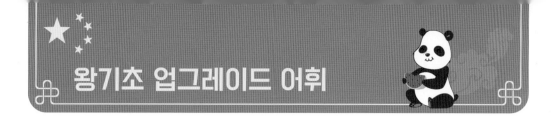

在宿舍 VS 在宿舍里

在宿舍 zài sùshè	在宿舍里 zài sùshè li
기숙사에서	기숙사 안에서

在宿舍와 在宿舍里 중 어떤 표현이 맞을까요? 정답은 '둘 다'입니다.
宿舍(기숙사)와 같이 특정한 성격을 가진 장소, 예를 들어 学校(학교), 医院(병원), 邮局(우체국), 银行(은행), 超市(마트) 등과 같이 어떤 장소를 가리키는 단어들은 里를 붙여도 되고 생략할 수도 있습니다.

⊕ 예문

나는 기숙사에서 잠을 잡니다.
我在宿舍睡觉。 Wǒ zài sùshè shuìjiào.
我在宿舍里睡觉。 Wǒ zài sùshè li shuìjiào.

그렇다면, 在箱子와 在箱子里는 둘 다 맞는 표현일까요?
箱子(상자), 书包(책가방), 笔筒(필통) 등과 같이 특정 장소가 아닌 사물인 경우에는 里를 생략해선 안 된답니다.

⊕ 예문

책은 상자 속에 있습니다.
书在箱子里。 Shū zài xiāngzi li. (O)
书在箱子。(X)

책가방 속에 종이와 연필이 있습니다.
书包里有纸和铅笔。 Shūbāo li yǒu zhǐ hé qiānbǐ. (O)
书包有纸和铅笔。(X)

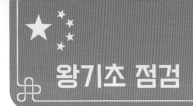

왕기초 점검

01 왕기초 연습해보기

🎧 13_d.mp3

▌(한어병음 듣고) 단어 받아쓰기

01
한어 병음 :
중국어   :

02
한어 병음 :
중국어   :

03
한어 병음 :
중국어   :

04
한어 병음 :
중국어   :

▌(한어병음 듣고) 문장 받아쓰기

01
한어 병음 : Lǚxíngshū _____?
중국어   : 旅行书 _____?

02
한어 병음 : Zài zhuōzi _____ .
중국어   : 在桌子_____。

03
한어 병음 : _____ yuǎn bu yuǎn?
중국어   : _____ 远不远?

04
한어 병음 : Bùyuǎn, _____ .
중국어   : 不远, _____ 。

02 왕기초 한자 기억 톡톡!

중국 한자 vs 중화 문화권 한자

간체 旅行书	旅行书			
번체 旅行書	旅行書			

간체 旁边	旁边			
번체 旁邊	旁邊			

간체 畅销书	畅销书			
번체 暢銷書	暢銷書			

간체 宿舍	宿舍			
번체 宿舍	宿舍			

간체 里	里			
번체 裡	裡			

간체 离	离			
번체 離	離			

간체 远	远			
번체 遠	遠			

간체 后边	后边			
번체 後邊	後邊			

01 여행책은 어디 있어요?

旅行书在哪儿?
Lǚxíngshū zài nǎr?

02 책상 위에 있어요.

在桌子上边。
Zài zhuōzi shàngbian.

03 여기서 먼가요?

离这儿远不远?
Lí zhèr yuǎn bu yuǎn?

04 기숙사는 식당 뒤에 있어요.

宿舍在食堂后边。
Sùshè zài shítáng hòubian.

05 멀지 않아요, 걸어서 5분이면 가요.

不远，走5分钟就到了。
Bùyuǎn, zǒu wǔ fēnzhōng jiù dào le.

04 표현 PLUS

– 방위사를 사용해 가족사진을 소개해볼까요?

这是我全家人的照片。
Zhè shì wǒ quánjiārén de zhàopiàn.

我家有五口人，爸爸，妈妈，两个姐姐和我。
Wǒ jiā yǒu wǔ kǒu rén, bàba, māma, liǎng ge jiějie hé wǒ.

前边是我父母，后边是我和姐姐们。
Qiánbian shì wǒ fùmǔ, hòubian shì wǒ hé jiějiemen .

大姐在我左边，二姐在我右边。
Dàjiě zài wǒ zuǒbian, èrjiě zài wǒ yòubian.

我在大姐和二姐中间。
Wǒ zài dàjiě hé èrjiě zhōngjiān.

이것은 우리 가족사진입니다.
우리 가족은 아버지, 어머니, 누나 2명과 저, 다섯 식구입니다.
앞쪽에 부모님이시고, 뒤쪽이 저와 누나들입니다.
큰 누나는 제 왼쪽에, 작은 누나는 제 오른쪽에 있습니다.
저는 큰누나와 작은누나 사이에 있습니다.

사진 찍기

이제 중국어 공부도 열심히 했으니,
중국으로 여행을 한 번 떠나볼까?
중국에 가면 꼭 만리장성(长城, Chángchéng)을 가보라던데,
가서 멋진 모습을 카메라에 담아오려면,
사진(照片, zhàopiàn) 찍어달라는 말 정도는 중국어로 할 수
있어야겠지?!!

단어

终于 zhōngyú [부] 마침내, 결국

拍 pāi [동] 촬영하다

张 zhāng [양] 종이, 책상, 침대 따위의 넓은 표면을 가진 것을 세는 단위

照片 zhàopiàn [명] 사진

主意 zhǔyi [명] 생각, 의견

风景 fēngjǐng [명] 풍경, 경치

室内 shìnèi [명] 실내

可以 kěyǐ [조동] ~할 수 있다, ~해도 좋다

杯 bēi [양] 잔

拿铁 nátiě [명] 라떼

冰 bīng [형] 차갑다, 쌀쌀하다.

热 rè [형] 덥다, 뜨겁다

◆ 플러스 단어

长城 Chángchéng 만리장성(북경)

天安门广场 Tiān'ānmén guǎngchǎng 천안문 광장(북경)

紫禁城 Zǐjìnchéng 자금성(북경)

外滩 Wàitān 와이탄(상해)

兵马俑 Bīngmǎyǒng 병마용(서안)

왕기초 회화

왕기초 회화 1

🎧 14_a.mp3

A 워먼 중위 다오 창청 러.　　　전 퍄오량!
我们终于到长城了。真漂亮!
Wǒmen zhōngyú dào Chángchéng le. Zhēn piàoliang!

B 두이,　　짠먼 파이 이 장 자오펜 바.
对，咱们拍一张照片吧。
Duì,　　zánmen pāi yì zhāng zhàopiàn ba.

A 하오더,　　취 나볜 파이.　　쩐머양?
好的。去那边拍，怎么样?
Hǎode.　　Qù nàbiān pāi,　　zěnmeyàng?

B 하오 주이!　　펑징 타이 메이 러!
好主意! 风景太美了!
Hǎo zhǔyi!　　Fēngjǐng tài měi le!

A 우리가 드디어 만리장성에 왔어요. 정말 예쁘네요!
B 맞아요, 우리 사진 한 장 찍어요.
A 좋아요, 저쪽에 가서 찍는 게 어때요?
B 좋은 생각이네요. 풍경이 정말 아름답네요!

❖ 회화 더하기

저는 셀프 카메라(셀카) 찍는 것을 좋아합니다.
我喜欢自拍。
Wǒ xǐhuan zìpāi.

우리 단체사진 찍어요.
我们拍集体照吧。
Wǒmen pāi jítǐzhào ba.

A   짜이 스네이 커이 파이자오 마?
在室内可以拍照吗?
Zài shìnèi kěyǐ pāizhào ma?

B   부하오이쓰,   짜이 스네이 부커이 파이자오.
不好意思, 在室内不可以拍照。
Bùhǎoyìsi,   zài shìnèi bù kěyǐ pāizhào.

A   하오 바.   칭 게이 워 이 베이 나톄 하오마?
好吧。请给我一杯拿铁好吗?
Hǎo ba.   Qǐng gěi wǒ yì bēi nátiě hǎo ma?

B   하오.   닌 야오 빙 더 하이스 러 더?
好。您要冰的还是热的?
Hǎo.   Nín yào bīng de háishi rè de?

A   빙 더.
冰的。
Bīng de.

A 실내에서 사진을 찍어도 되나요?
B 죄송합니다, 실내에서는 사진을 찍을 수 없습니다.
A 알겠습니다. 그럼 라떼 한 잔 주시겠어요?
B 네, 아이스로 드릴까요 아니면 따뜻한 걸로 드릴까요?
A 아이스로요.

🔵 **회화 더하기**

셀카봉 사용이 금지되어 있습니다.
禁止使用自拍杆。
Jìnzhǐ shǐyòng zìpāigān.

상업적인 촬영은 금지되어 있습니다.
禁止商业摄影。
Jìnzhǐ shāngyè shèyǐng.

>   몇 년 전 중국 스타00에서 메뉴판 사진을 찍으려다 직원에게 제재를 받은 적이 있어서 넣은 에피소드예요.
> 브랜드나 지점마다 다르지만, 사진 촬영은 예민할 수 있는 부분이니 여러 표현들을 꼭 기억해주세요!

179

원어민처럼 소리 내기

▌어려운 발음, 이것만 쏙쏙!

🎧 14_c.mp3

①
3성+1성/2성/4성/경성	반3성 + 1성/2성/4성/경성(성조 표기 변화 없음)
3성+3성	2성 + 3성(성조 표기 변화 없음)

②
不(4성)+1성/2성/3성	不 성조 변화 없음
不(4성)+ 4성	不 + 2성으로 변화(성조 표기도 2성으로 변화)

③
一 +1성/2성/3성	一 + 4성으로 변화(성조 표기 4성으로 변화)
一 + 4성/경성	一 + 2성으로 변화(성조 표기 2성으로 변화)

➕ 예문

①
3성+1성	반3성+1성	老师
3성+2성	반3성+2성	美国
3성+4성	반3성+4성	小费
3성+경성	반3성+경성	晚上
3성+3성	2성+3성	你好

②
不(4성)+1성	不(4성)+1성	不听
不(4성)+2성	不(4성)+2성	不行
不(4성)+3성	不(4성)+3성	不好
不(4성)+ 4성	不(2성)+4성	不要

③
一(1성)+1성	一(4성)+1성	一张
一(1성)+2성	一(4성)+2성	一年
一(1성)+3성	一(4성)+3성	一本
一(1성)+4성	一(2성)+4성	一亿
一(1성)+경성	一(2성)+경성	一个

180

왕기초 어법

▎양사

양사는 사람이나 사물의 수량을 세는 단위를 말합니다.

양사의 어순은 수사+양사+명사 입니다.

个 gè	명/개(사람 사물 모두 셀 수 있는 양사)	예 一个人/ 一个苹果 yí ge rén / yí ge píngguǒ
张 zhāng	장	예 一张照片 yì zhāng zhàopiàn
杯 bēi	잔	예 一杯茶 yì bēi chá
件 jiàn	벌,건	예 一件衣服 yí jiàn yīfu
条 tiáo	벌 (가늘고 긴 것을 셀 수 있는 양사)	예 一条裤子 yì tiáo kùzi
部 bù	편	예 一部电影 yí bù diànyǐng

➕ 단어   苹果 píngguǒ [명] 사과 | 衣服 yīfu [명] 옷, 의복 | 裤子 kùzi [명] 바지

> Notes 个는 앞에 숫자가 올 때 경성으로 변화됩니다.

조동사 '可以'

'可以'는 "~할 수 있다, ~해도 좋다"라는 가능, 허가 등의 의미를 나타냅니다.
부정형은 "~할 수 없다, ~하면 안 된다"의 의미로 '不可以, 不能'을 사용합니다.

가능	他的病好多了，可以参加会议吗？ *Tā de bìng hǎoduō le, kěyǐ cānjiā huìyì ma?* 그의 병세가 많이 좋아졌습니다, 회의에 참석할 수 있나요?
허가	在这儿可以抽烟吗？ *Zài zhèr kěyǐ chōuyān ma?* 여기에서 흡연해도 되나요?

⊕ 단어   参加 cānjiā [동] (모임이나 일에) 참여하다 | 会议 huìyì [명] 회의 | 抽烟 chōuyān [동] 담배 피우다
 | 投票 tóupiào [동] 투표하다

긍정	부정 i	부정 ii
투표할 수 있습니다.	투표할 수 없습니다.	투표하면 안 됩니다.
可以投票。 *Kěyǐ tóupiào.*	不能投票。 *Bùnéng tóupiào.*	不可以投票。 *Bù kěyǐ tóupiào.*
이곳에서 흡연해도 됩니다.	이곳에서 흡연할 수 없습니다.	이곳에서 흡연하면 안 됩니다.
在这儿可以抽烟。 *Zài zhèr kěyǐ chōuyān.*	在这儿不能抽烟。 *Zài zhèr bùnéng chōuyān.*	在这儿不可以抽烟。 *Zài zhèr bù kěyǐ chōuyān.*

A 还是 B 선택의문문

A 아니면 B의 선택을 물어보는 의문문으로, 두 가지 이상의 상황을 제시하여 그중 한 가지의 선택을
물어봅니다. 이미 还是 자체로 의문의 뜻을 가지고 있어서, 吗？는 생략합니다.

⊕ 예문

그가 가나요 아니면 당신이 가나요?
他去还是你去？
Tā qù háishi nǐ qù?

사과 먹을래요 아니면 커피를 마실래요?
吃苹果还是喝咖啡？
Chī píngguǒ háishi hē kāfēi?

我们 VS 咱们

我们	咱们
우리	우리

1인칭 복수 '우리'를 나타내는 인칭대명사 '我们'과 '咱们'의 차이는 상대방의 포함 여부에 있습니다. 我们은 상대방을 포함할 수도 있고 포함하지 않을 수도 있지만, 咱们은 말하는 사람과 상대방을 모두 포함할 때 사용하는 표현입니다.

Ⓐ 我们是学生，你们呢？
Wǒmen shì xuésheng, nǐmen ne?
우리(A, B)는 학생인데, 당신들(C, D)은요?

Ⓒ 我们也是学生。
Wǒmen yě shì xuésheng.
우리(C, D)도 학생이에요.

Ⓑ 那咱们都是学生。
Nà zánmen dōu shì xuésheng.
그럼 우리(A, B, C, D) 모두 다 학생이네요.

* 我们/咱们은 미묘한 차이를 가지고 있지만, 혼동될 때는 我们을 사용해서 말해줍니다. 중국인들도 크게 고민하지 않고 我们을 많이 사용한답니다.

01 왕기초 연습해보기

🎧 14_d.mp3

▌(한어병음 듣고) 단어 받아쓰기

01
한어 병음 :
중국어 　 :

02
한어 병음 :
중국어 　 :

03
한어 병음 :
중국어 　 :

04
한어 병음 :
중국어 　 :

▌(한어병음 듣고) 문장 받아쓰기

01
한어 병음 : Zánmen pāi _____ ba.
중국어 　 : 咱们拍 _____ 吧。

02
한어 병음 : _____ .
중국어 　 : _____ 。

03
한어 병음 : Zài shìnèi _____ ma?
중국어 　 : 在室内 _____ 吗?

04
한어 병음 : _____ .
중국어 　 : _____ 。

02 왕기초 한자 기억 톡톡!

▌(중국 한자 vs 중화 문화권 한자)

간체 终于	终于			
번체 終于	終于			

간체 真	真			
번체 眞	眞			

* 글자체의 차이(이체자)로 간체와 번체가 동일합니다.

간체 咱们	咱们			
번체 咱們	咱們			

간체 张	张			
번체 張	張			

간체 风景	风景			
번체 風景	風景			

간체 室内	室内			
번체 室内	室内			

간체 可以	可以			
번체 可以	可以			

간체 冰	冰			
번체 冰	冰			

01 우리가 드디어 만리장성에 왔어요.

我们终于到长城了。
Wǒmen zhōngyú dào Chángchéng le.

02 우리 사진 한 장 찍어요.

咱们拍一张照片吧。
Zánmen pāi yì zhāng zhàopiàn ba.

03 실내에서 사진을 찍어도 되나요?

在室内可以拍照吗?
Zài shìnèi kěyǐ pāizhào ma?

04 그럼 라떼 한 잔 주시겠어요?

请给我一杯拿铁好吗?
Qǐng gěi wǒ yì bēi nátiě hǎo ma?

05 아이스로 드릴까요 아니면 따듯한 걸로 드릴까요?

冰的还是热的?
Bīng de háishi rè de?

04 표현 PLUS
- 중국 여행지, 어디까지 가봤니?!

만리장성(북경) **长城** Chángchéng	만리장성은 인류 최대의 건축물이라고 불리며, 달에서도 보인다고 알려져 있습니다. 실제로 달에서 보이지는 않지만, 그만큼 규모가 엄청나다는 것을 나타내고 있습니다. 북쪽의 국경을 지키려고 쌓은 만리장성은 무려 2,000여 년에 걸쳐 완성된 거대한 건축물로 만리장성에 하얀 눈이 내려앉은 모습은 매서운 중국의 칼바람도 이겨낼 만큼 황홀합니다. 북경에 가면 꼭 가봐야 하는 관광지 중에 하나입니다.
천안문 광장(북경) **天安门长城** Tiān'ānmén guǎngchǎng	중국 근현대사의 굵직한 사건들의 상징적 장소인 천안문 광장은 모택동의 대형 초상화가 걸린 것으로 더 유명해진 곳입니다. 특히 하루 두 차례 국기 게양식과 강하식은 중국 사람들이 평생 꼭 한 번은 봐야 한다고 이야기하는 상징적인 행사로, 이 행사를 보기 위해 매일 광장 주변에 몰려드는 사람이 인산인해를 이루는 것을 볼 수 있습니다.
자금성(북경) **紫禁城** Zǐjìnchéng	자금성은 천제가 사는 자색의 금지된 성이라고 불리며, 과거에는 백성들의 출입이 금지되었던 중국 황제가 머무르는 곳이었습니다. 하지만 현재는 황제가 살고 있지 않기 때문에 고궁(故宫)이라는 이름으로 주로 불립니다. 9999개의 방이 있고 전체 면적이 72만㎡에 달해, 자금성을 다 보려면 3박 4일도 부족하다고 말하는 가장 큰 고대 건축물 중에 하나입니다.
와이탄(상해) **外滩** Wàitān	상해에 유명 건축물들이 빌딩 숲을 이루고 있는 장소로, 강변을 따라 걷는 유명한 관광지가 되었습니다. 해가 지고 나면 황푸강 일대의 고층 건물들이 오색찬란한 조명을 뽐내며 제2의 홍콩이라고 불릴 만큼 아름다운 야경을 볼 수 있습니다. 상해의 밤은 낮보다 아름답다는 말을 직접 느껴볼 수 있는 곳 중에 하나입니다.
병마용(서안) **兵马俑** Bīngmǎyǒng	중국 진시황의 무덤 부장품으로 갱 속에 묻혀 있는 약 1만 구의 도제 병마들을 지칭합니다. 병마용은 살아있는 듯한 표정과 모습으로 실제 갱도에 들어가서 보게 되면 장엄한 군인들의 모습에 진시황제의 강력했던 왕권을 직접 느껴볼 수 있습니다. 아직도 발굴 과정 중에 있으며, 직접 가서 보면 느껴지는 거대한 규모와 병사들의 갑옷부터 얼굴, 작은 소품까지 완벽하게 예술성을 뽐내는 모습에 탄성을 내지를 수밖에 없는 중국 역사를 보여주는 관광지입니다.

| 정답

Lesson 1

❶ 한어 병음： lǎoshī
   중국어：　老师

❷ 한어 병음： nín
   중국어：　您

❸ 한어 병음： yě
   중국어：　也

❹ 한어 병음： zàijiàn
   중국어：　再见

❶ 한어 병음： Nǐ (hǎo)!
   중국어：　你(好)!

❷ 한어 병음： Nǐ (hǎo ma)?
   중국어：　你(好吗)?

❸ 한어 병음： Wǒ (hěn hǎo)? (nǐ ne)?
   중국어：　我(很好), (你呢)?

❹ 한어 병음： Wǒ (yě hěn hǎo). Xièxie!
   중국어：　我(也很好)。谢谢!

Lesson 2

❶ 한어 병음： xìng
   중국어：　姓

❷ 한어 병음： rènshi
   중국어：　认识

❸ 한어 병음： gāoxìng
   중국어：　高兴

❹ 한어 병음： shì
   중국어：　是

❶ 한어 병음： Nǐ jiào (shénme míngzi?)
   중국어：　你叫(什么名字)?

❷ 한어 병음： (Wǒ jiào) Mǎlì.
   중국어：　(我叫)玛丽

❸ 한어 병음： Nǐ shì (nǎ guó rén?)
   중국어：　你是(哪国人)?

❹ 한어 병음： Wǒ shì (Měiguó rén.)
   중국어：　我是(美国人)。

① 한어 병음 : wèishénme
　 중국어 : 为什么

② 한어 병음 : tián
　 중국어 : 甜

③ 한어 병음 : Málàtàng
　 중국어 : 麻辣烫

④ 한어 병음 : hǎochī
　 중국어 : 好吃

① 한어 병음 : Nǐ (chī qiǎokèlì) ma?
　 중국어 : 你(吃巧克力)吗?

② 한어 병음 : Wǒ (bù xǐhuan) qiǎokèlì.
　 중국어 : 我(不喜欢)巧克力。

③ 한어 병음 : Nǐ xǐhuan chī (shénme cài)?
　 중국어 : 你喜欢吃(什么菜)?

④ 한어 병음 : Wǒ xǐhuan chī (Zhōngguó cài).
　 중국어 : 我喜欢吃(中国菜)。

① 한어 병음 : qù
　 중국어 : 去

② 한어 병음 : Jǐngfúgōng
　 중국어 : 景福宫

③ 한어 병음 : chīfàn
　 중국어 : 吃饭

④ 한어 병음 : Qǐngwèn
　 중국어 : 请问

① 한어 병음 : Nǐ (qù) nǎr?
　 중국어 : 你(去)哪儿?

② 한어 병음 : Wǒ qù (túshūguǎn.)
　 중국어 : 我去(图书馆)。

③ 한어 병음 : Wǒ qù (chīfàn.)
　 중국어 : 我去(吃饭)。

④ 한어 병음 : (Xiàcì) jiàn!
　 중국어 : (下次)见!

① 한어 병음: jiāo
   중국어: 教

② 한어 병음: Yīngyǔ
   중국어: 英语

③ 한어 병음: gēge
   중국어: 哥哥

④ 한어 병음: fēicháng
   중국어: 非常

① 한어 병음: Nǐ (zuò shénme gōngzuò)?
   중국어: 你(做什么工作)?

② 한어 병음: Wǒ (zài gāozhōng jiāo Yīngyǔ.)
   중국어: 我(在高中教英语)。

③ 한어 병음: Nǐ jiějie (zài nǎr) gōngzuò?
   중국어: 你姐姐(在哪儿)工作?

④ 한어 병음: Tā (zài gōngsī) gōngzuò.
   중국어: 她(在公司)工作。

① 한어 병음: sìkǒurén
   중국어: 四口人

② 한어 병음: māma
   중국어: 妈妈

③ 한어 병음: dúshēngzǐ
   중국어: 独生子

④ 한어 병음: xiàng
   중국어: 像

① 한어 병음: Nǐ jiā yǒu (jǐ kǒu rén?)
   중국어: 你家有(几口人)?

② 한어 병음: Nǐ jiā yǒu (shénme rén?)
   중국어: 你家有(什么人)?

③ 한어 병음: (Zhè) shì wǒ (gēge) de nǚér.
   중국어: (这)是我(哥哥)的女儿。

④ 한어 병음: Zhè háizi (zhēn piàoliang)!
   중국어: 这孩子(真漂亮)!

1 한어 병음： jīnnián
중국어： 今年

2 한어 병음： cāi
중국어： 猜

3 한어 병음： sānshí suì
중국어： 30岁

4 한어 병음： niánshēng
중국어： 年生

1 한어 병음： Nǐ jīnnián (duōdà?)
중국어： 你今年 (多大)?

2 한어 병음： Wǒ (sì shí duōsuì.)
중국어： 我 (40多岁)。

3 한어 병음： Nǐ (gèzi tǐng) gāo de.
중국어： 你(个子挺)高的。

4 한어 병음： Wǒ gèzi (háixíng ba.)
중국어： 我个子(还行吧。)

1 한어 병음： liǎng diǎn
중국어： 两点

2 한어 병음： xiàbān
중국어： 下班

3 한어 병음： hǎode
중국어： 好的

4 한어 병음： chà
중국어： 差

1 한어 병음： Xiànzài (jǐ diǎn)?
중국어： 现在(几点)?

2 한어 병음： Xiànzài (liǎng diǎn sì shí fēn.)
중국어： 现在(两点四十分)。

3 한어 병음： (Wǎnshang qī diǎn) huíjiā.
중국어： (晚上七点)回家。

4 한어 병음： Xiàbān yǐhòu, (yìqǐ chīfàn ba.)
중국어： 下班以后，(一起吃饭吧)。

① 한어 병음： xīngqī
　중국어： 星期

② 한어 병음： kǎoshì
　중국어： 考试

③ 한어 병음： zěnme
　중국어： 怎么

④ 한어 병음： zhīdào
　중국어： 知道

① 한어 병음： Jīntiān shì (xīngqī jǐ)?
　중국어： 今天是(星期几)?

② 한어 병음： Jīntiān shì (xīngqīèr), liù yuè èr shí jiǔ hào.
　중국어： 今天是(星期二)，六月二十九号。

③ 한어 병음： Nǐ de shēngrì shì (jǐ yuè jǐ hào)?
　중국어： 你的生日是(几月几号)?

④ 한어 병음： (Èr yuè shí sì hào), shì Qíngrénjié.
　중국어： (二月十四号)，是情人节。

① 한어 병음： guì
　중국어： 贵

② 한어 병음： piányi
　중국어： 便宜

③ 한어 병음： liǎngjīn
　중국어： 两斤

④ 한어 병음： biéde
　중국어： 别的

① 한어 병음： Zhège (duōshao qián?)
　중국어： 这个(多少钱)?

② 한어 병음： (Shí liù) kuài.
　중국어： (十六)块

③ 한어 병음： Niúròu (zěnme mài?)
　중국어： 牛肉(怎么卖)?

④ 한어 병음： Yào (zhège ba.)
　중국어： 要(这个吧)。

① 한어 병음 : diànhuà
중국어 : 电话

② 한어 병음 : shāo děng
중국어 : 稍等

③ 한어 병음 : kāihuì
중국어 : 开会

④ 한어 병음 : shǒujī hàomǎ
중국어 : 手机号码

① 한어 병음 : (Wéi), Ānnà (zài ma)?
중국어 : (喂)，安娜(在吗)?

② 한어 병음 : Tā (shénme shíhou) huílái?
중국어 : 她(什么时候)回来?

③ 한어 병음 : Tā huílái yǐhòu, qǐng tā (gěi wǒ huí ge diànhuà).
중국어 : 她回来以后，请她(给我回个电话)。

④ 한어 병음 : Xiànzài bùnéng (jiē diànhuà). Nǐ yào (liúyán ma)?
중국어 : 现在不能(接电话)。你要(留言吗)?

① 한어 병음 : xǐhuan
중국어 : 喜欢

② 한어 병음 : kàn
중국어 : 看

③ 한어 병음 : diànyǐng
중국어 : 电影

④ 한어 병음 : tuījiàn
중국어 : 推荐

① 한어 병음 : Wǒ (bú tài xǐhuan.)
중국어 : 我 (不太喜欢)。

② 한어 병음 : Tā (shì) zài Zhōngguó (hěn shòu huānyíng de yǎnyuán.)
중국어 : 他(是)在中国 (很受欢迎的演员)。

③ 한어 병음 : (Wǒ xiǎng kàn yánqíngpiàn.)
중국어 : (我想看言情片)。

④ 한어 병음 : Xièxie (nǐ de tuījiàn.)
중국어 : 谢谢(你的推荐)。

① 한어 병음： pángbiān
중국어： 旁边

② 한어 병음： hòubian
중국어： 后边

③ 한어 병음： sùshè
중국어： 宿舍

④ 한어 병음： chàngxiāoshū
중국어： 畅销书

① 한어 병음： Lǚxíngshū (zài nǎr)?
중국어： 旅行书(在哪儿)?

② 한어 병음： Zài zhuōzi (shàngbian).
중국어： 在桌子(上边)。

③ 한어 병음： (Lí zhèr) yuǎn bu yuǎn?
중국어： (离这儿)远不远?

④ 한어 병음： Bùyuǎn, (zǒu wǔ fēnzhōng jiù dào le).
중국어： 不远，(走5分钟就到了)。

① 한어 병음： zhōngyú
중국어： 终于

② 한어 병음： zhàopiàn
중국어： 照片

③ 한어 병음： fēngjǐng
중국어： 风景

④ 한어 병음： bīng
중국어： 冰

① 한어 병음： Zánmen pāi (yī zhāng zhàopiān) ba.
중국어： 咱们拍(一张照片)吧。

② 한어 병음： (Fēngjǐng tài měi le.)
중국어： (风景太美了)。

③ 한어 병음： Zài shìnèi (kěyǐ pāizhào) ma?
중국어： 在室内(可以拍照)吗?

④ 한어 병음： (Bīng de.)
중국어： (冰的)。

MEMO

MEMO